일터에서도 당신은 그리스도인입니까?

모든 인간은 하나님의 형상을 닮은 존엄한 존재입니다. 전 세계의 모든 사람들은 인종, 민족, 피부색, 문화, 언어에 관계없이 존귀합니다. 예영커뮤니케이션은 이러한 정신에 근거해 모든 인간이 존귀한 삶을 사는 데 필요한 지식과 문화를 예수 그리스도의 사랑으로 보급함으로써 우리가 속한 사회에 기여하고자 합니다.

일터에서도 당신은 그리스도인입니까?

펴낸 날 · 2010년 8월 15일 | **초판 1쇄 찍은 날** · 2010년 8월 10일
지은이 · 천상만 | **펴낸이** · 김승태
등록번호 · 제2-1349호(1992. 3. 31) | **펴낸 곳** · 예영커뮤니케이션
주소 · (136-825) 서울시 성북구 성북1동 179-56 | **홈페이지** www.jeyoung.com
출판사업부 · T. (02)766-8931 F. (02)766-8934 e-mail: edit1@jeyoung.com
출판유통사업부 · T. (02)766-7912 F. (02)766-8934 e-mail: sales@jeyoung.com

copyright ⓒ 2010 천상만
ISBN 978-89-8350-594-1 (03230)

값 11,000원

일터에서도 당신은 그리스도인입니까?

어떻게하면 일터에서 하나님의 역사하심을 체험할 수 있을까?

천상만 지음

예영커뮤니케이션

차례

프롤로그

어떻게 하면 일터에서 하나님의 역사하심을 체험할 수 있을까? 어떻게 하면 영적전쟁의 최전선인 이곳을 하나님 영광이 나타나는 곳으로 변화시킬 수 있을까? 어떻게 하면 일터에서 영성을 키우고 참된 영성이 영과 혼, 육을 통해 나타나게 할 수 있을까? 이것이 이 책을 쓴 저자의 계속된 고민이었다.

나는 일터에서 30여 년 생활 동안 이 고민을 계속 해 왔다. 그중에는 6년간 전임 목회자로서 교회에서 머문 시간도 있었다. 그러나 나머지 시간은 교회와 일터를 왔다 갔다 하며 이 문제를 놓고 씨름하였다. 그 일터 중에는 몸소 기업의 생산과 기획의 현장 속에 부대낀 시간도 있었다. 그리고 경영 컨설턴트이자 교수로서 사람들을 가르치기 위해 분투한 시간도 있었다. 그렇게 씨름했던 고민을 통해 나름대로 정리한 생각을 이 책으로 저술하였다.

오늘날 우리가 출근하는 일터는 치열한 생존경쟁의 장이다. 이곳은 땀과 눈물이 얼룩진 곳이다. 그리고 대립과 갈등, 배신과 미움, 실업과 양극화 문제로 시달리는 곳이다. 돈 숭배로서 매모니즘(mammonism:배금주의)이 지배하는 성공과 탐욕의 장이다. 그리고 부동산 버블, 주식투자로서 최고 수익률 법칙이 지배하는 곳이다. 나아가 과소비 문화와 감각, 쾌락 지향의 포스트모더니즘이 활개치는 장이다.

영적으로는 사단이 꽉 잡고 있는 영역이다. 앞으로도 가장 치열한 영적전쟁이 벌어질 전쟁터이다. 하나님은 일터를 회복시키길 원하신다. 우리의 일터에 하나님의 영광이 나타나길 원하신다. 오늘도 수많은 직장에서 직장인 예배가 드려지고 있다. 이처럼 일터에서도 예배를 드릴 수 있다. 직장의 한 공간으로서 사무실이나 회의실에서도 찬양과 기도를 드릴 수 있다. 하나님은 그곳이 생명과 사랑의 장이 되길 원하신다. 그곳에서 이루어지는 사람과의 만남에 성령이 역사하시길 원하신다. 그리고 기업현장에서 만들어 내는 상품과 서비스에 하나님의 축복이 있기를 원하신다. 나아가 중소기업에서의 생산과 영업, 마케팅과 회계관리에 하나님 성품이 나타나길 원하신다. 그리고 "네 이웃을 네 자신 같이 사랑하라"(마 22:39)는 말씀이 일터에서 이루어지길 원하신다. 일터에서 공동체 정신이 회복되기를 원하신다. 이처럼 일터도 하나님이 임재하시는 거룩한 공간이 될 수 있다.

세상성과 거룩성

기독교는 세상이 인간의 죄성으로 타락된 곳이라고 본다. 그곳에 탐욕과 이기심, 교만이 있기 때문이다. 따라서 세상성이란 인간 죄성에 의해 움직이는 타락한 세상의 모습이다. 하나님의 뜻과는 멀어져 있다. 그러나 세상과 세상성은 다르다. 하나님은 세상을 사랑하신다. 그리고 세상의 일환으로 일터도 사랑하신다. 구체적으로 일터에서 일하는 사람들을 사랑하신다. "하나님이 세상을 이처럼 사랑하사 독생자를 주셨으니"(요 3:16)에서처럼 세상은 하나님이 관심을 가지시는 곳이다. 하나님은 교회라는 건물을 사랑하시는 것이 아니다. 하나님은 교회라는 공동체 안에 있는 사람을 사랑하시는 것이다. 그리고 하나님은 일터에 있는 사람들이 교회에 출석하건 안 하건 그들 모두를 사랑하신다. 그리고 그들 모두가 예수 그리스도를 알게 됨으로 구원받기를 원하신다.

일터는 거룩한 곳이 될 수 없는가? 어찌 장사꾼의 가격 협상과 사기꾼 같은 협잡이 있는 시장 바닥이 거룩해질 수 있단 말인가? 그러나 일터에도 영성이 있을 수 있다. 왜냐하면 그 공간도 하나님이 지배하시는 곳이고, 그곳에서 일하는 사람 속에는 비록 죄성이 있지만 하나님의 형상도 있기 때문이다.

그러면 언제 이곳에 거룩함이 생겨난단 말인가? 일터에서 일하는 사람들의 말과 행동에 생명과 사랑이 충만할 때 가능하다. 그리고 나눔과 돌봄, 섬김으로서 공동체 정신이 나타날 때 가능하다. 형제들이 서로 협력하며 자기를 낮추어 하나가 될 때 가능하다. 그럴 때 일터는 거룩해질 수 있다. 형제의 표정과 말, 행동에 하나님의 거룩하심이 드러나게 될 것이다. 사탄이 그렇게 놓지 않으려 하는 일터에 하나님의 거룩함이 나타나게 되는 것이다.

일터의 현실

오늘 우리의 일터는 경제가 지배하고 있다. 사람들은 매일 환율과 금리, 주가, 부동산, 부채에 매달려 살고 있다. 방송과 신문에서는 정신을 못차릴 정도로 현란하게 '사라! 사라!'를 연발하며 사람들의 소비성향을 부채질하고 있다. 일터에는 매모니즘으로서 돈 숭배가 횡행하고 있다. 주택대출,

자녀 사교육, 과소비가 이 시대 세상성의 대표 코드이다. 가구당 4천만 원 수준에 이른 가계부채는 빚 권하는 사회의 대표적 모습이다.

과거 산업자본주의에서는 근면과 성실이 크리스천의 직업윤리였다. 그러나 이제는 근로소득보다는 금융소득, 자산소득이 대세를 이룬다. 부자들도 부동산과 주식을 통해서 돈을 번 사람들이다. 돈 벌기 현장은 매일 엄청나게 소용돌이치고 있다. 각종 경제변수 급등락은 대박과 쪽박을 빈번하게 만들고 있다. 그 결과가 2008년 전 세계를 구렁텅이에 빠트린 금융위기 사태였다.

금융자본주의에서는 정보선점이 돈 버는 핵심요인이다. 남들이 하지 않을 때 남보다 한발 먼저 하고 남들보다 먼저 빠져나오는 것이 중요하다. 그러니 진짜 중요한 정보는 사람들 간에 공유하지 않는다. 금방 입소문을 타기 때문이다. 주식이나 부동산 관련한 내부자 정보야말로 돈 되는 핵심이다. 알짜정보는 나만 챙길 수밖에 없다. 그러다 보니 극심한 이기주의가 횡행하게 된다. 함께 살아야 한다는 공동체 정신은 그야말로 찾기 어려워지게 된다. 그야말로 경제활동이 돈 놓고 돈 먹는 식의 카지노 자본주의가 되고 말았다. 이는 타락한 인간본성에 연유한 것으로 시장만능의 버블 경제가 만들어 낸 소산이다.

신자유주의 이념이 만들어 낸 인간상은 시장만능주의에서 성공과 경쟁에 능한 인간이다. 이것은 자기 것 챙기기에 탁월한 이기적 인간상이다. 이 시대의 아이들은 어렸을 때부터 자신의 점수를 잘 받기 위해 친구를 경쟁자로 인식하는 데 익숙하다. 그러다 보니 오늘날 일터는 극심한 갈등에 놓여 있다. 서로가 자기 것 챙기기에 혈안이다. 주위 사람이 모두 경쟁자이고 적인 셈이다. 그래서 우리 일터는 분열과 대립으로 홍역을 치루고 있다. 노사, 이념, 세대, 남여, 지역, 도농, 수도권과 지방권으로 나뉘어져 싸우고 있다. 이런 곳에서 네 이웃을 네 자신 같이 사랑하라는 말씀은 어떻게 이루어져야 하는가?

일터에서의 영성에 대한 지역교회 한계

크리스천들은 주일에는 교회에서 보내지만 평일에는 일터와 가정이라는 자리에서 살아간다. 그야말로 가정과 일터, 교회를 왔다 갔다 하며 살아간다. 일터에는 여러 가지가 있을 수 있다. 정부와 기업, 지자체와 공공기관, 학교와 병원, 복지단체와 노조, 정당과 방송언론사, 유통업체, 음식점과 다양한 서비스의 자영업체 등이다. 교회 같은 종교기관도 일터라고 볼 수 있다. 교역자와 교회 직원들이 나와 일하는 곳이기 때문이다.

그간 가정에서의 크리스천 삶에 대해서는 교회가 질 높은 가이드를 해 주었다. 그러나 일터에 대한 가이드는 교회가 깊이 해 주기 어려웠다. 물론 재물과 직업에 대해 많은 설교와 가르침을 해 왔다. 그렇지만 원론적일 수밖에 없었다. 구체적으로 일터에서 어떻게 말씀을 실천하며 살아야 하는지는 크리스천 각자가 해결할 수밖에 없었다. 교회를 이끌어 가는 목사가 이곳에서의 삶을 구체적으로 안내해 준다는 것은 어려울 수밖에 없었다. 병원과 학교 등지에는 목사가 상주하는 곳이 많다. 교목, 원목 등이 그곳에 있는 사람들에게 안내를 해 주었다. 반면에 기업과 같은 곳에서 목사가 상주하는 곳은 극소수이다.

교회를 이끌어 가는 목회자들은 교인들의 일터를 경험해 보지 못한 사람들이 다수이다. 실제로 세상 속의 기업이나 직장에서 돈 버는 일을 해 보지 못한 사람들이 많다. 목회자는 영적인 삶을 얘기하고 하나님과 예수님을 애기한다. 그렇지만 구체적으로 교인들이 직업현장에서 어떻게 일을 하고 돈과 금융 등 경제적인 문제들을 어떻게 해결해 가는지를 본인은 정작 겪어보지 못한 경우가 많다. 사실 아는 것과 경험해 본 것 사이에는 많은 차이가 있을 수 있다. 제3자적 위치에서 머리로 아는 것과 본인이 직접 체험으로 겪어 본 것 사이에는 상당한 차이가 있을 수밖에 없다. 그렇다고 목사에게 이런 것을 직접 경험해 보라고 요구하는 것에도 무리가 있다.

그러나 오늘날 목회자와 교인 간에는 목회자가 교인들의 일터 현장을 그대로 인지하고 체험해 보지 못하는데서 오는 갭의 문제가 나타날 수 있다. 이럴 경우 교인들은 목사의 설교가 피부에 잘 와 닿지 않는다든가, 목사님은 구름 위에서 사시는 것 같다는 느낌을 가질 수 있다.

영적인 일이 우선이라는 것도 다시 생각해 보아야 한다. 영과 혼, 육은 서로 연결되어 있다. 영적인 것은 혼과 육, 즉 정신과 물질적 삶으로 나타난다. 신앙이 좋다는 사람들 중에는 영적인 것과 육적인 것을 분리시키면서 영적인 삶만을 거룩하고 좋은 것이라고 보기도 한다. 그리고 시장에서 돈 버는 일은 육적인 것으로 보는 이분론적 사고와 행동을 보이기도 한다. 그러나 성경말씀이 기초하고 있는 히브리적 사고는 헬라적 사고와 다르다. 육이 죄성에 지배받을 때는 육적인 것이 되지만, 하나님의 형상으로 채워질 때는 거룩한 것이 된다.

성경은 텍스트(Text)로서 2-3천 년 전 유대인의 컨텍스트(Context, 상황) 속에서 주어진 하나님의 말씀이다. 복음은 2천 년 전의 유대라는 상황에서 당시 사람들에게 주셨던 하나님의 말씀이다. 물론 복음은 어제나 오늘이나 영원토록 동일하다.

그러나 오늘날 우리는 2천 년 전에 주셨던 말씀을 오늘 우리 상황에 비추어 재해석해야 한다. 지금 우리의 역사적 상황에서 주시는 하나님의 말

씀을 들어야 한다. 오늘 우리는 금융자본주의, 매모니즘, 포스트모더니즘
이라는 상황 속에서 주어지는 하나님의 말씀을 찾아 적용해야 한다. 그러니
텍스트로서의 말씀과 오늘 우리의 상황으로서 컨텍스트 모두를 정확히 이
해해야 할 필요가 있다. 그러면 오늘 크리스천 각자를 둘러싼 컨텍스트는 어
떠한가? 이 질문이 하나님의 사람들에게서 끊임없이 흘러나와야 한다.

일터 속의 크리스천 고민

오늘날 직업을 가진 성인 크리스천들이 가지는 대표적 문제는 일터에
서는 자신의 크리스천 됨을 적극 실천하지 못하고 있다는 점이다. 대부분의
성인 크리스천들은 직장생활을 하면서 신앙과 삶이 분리되는 양상을 어느
정도 겪고 있다. 이러한 분리현상은 우선적으로 직장생활에서 오는 극심한
경쟁, 상하 간의 지시복종 관계, 믿지 않는 상사의 핍박, 비민주적이고 불합
리한 조직풍토, 외형적인 실적 중심의 인사평가체제 등에 기인한다. 안 그
래도 일터에 와서 경쟁구조 속에서 일하고 어떤 때는 출퇴근하는 것조차 힘
든데, "바쁜 시간에 예배다, 신우회 활동이다!" 등에 신경 쓰고 싶지 않다
는 것이다. 이들의 대부분은 굳이 직장에까지 와서 전도하고, 예배하고 그
러고 싶지 않다는 생각이다.

오늘과 같이 경제활동이 경쟁 중심으로 이루어지는 구조에 있어서는
말씀대로 살아간다는 것이 쉬운 일이 아니다. 남들과의 경쟁에서 이기지 못
하면 도태되고 마는 사회구조 속에서 "네 이웃을 네 자신 같이 사랑하라"
는 말씀은 어떻게 실천되고 적용되어야 하는가? 일반적으로 불신자들이 크
리스천을 보는 시선은 "예수 믿는 사람은 좀 다르지 않겠느냐."라는 점이다.

그리고 크리스천이라는 이유만으로 사람들은 기독교인이 특별해야 함을 은연 중 내세운다.

이와 같은 환경 속에서 크리스천 직장인들은 여러 문제에 갈등하고 고민하게 된다. 주일성수, 술자리 참석, 정직한 일처리 등이 대표적인 경우이다. 한편으로는 크리스천으로, 또 한편으로는 직장인으로 갈등 속에 많은 크리스천 직장인들은 일터에서 소외되기보다는 적당히 타협하게 된다. 그리하여 주일에는 교회에 나가되 평소 직장에서는 자신이 크리스천임을 적극적으로 나타내기 꺼려하게 된다. 드러나지 않는 믿음생활을 통하여 불신자와의 갈등을 가급적 피하며 직장생활과 신앙생활을 양립하려고 한다.

크리스천들이 삶의 현장에서 말과 행동으로 예수 그리스도를 증거한다는 것은 오늘의 직장현실에서 쉽지 않은 일이다. 그럼에도 불구하고 이 일에 헌신하려는 사람들이 있다. 이들은 하나님이 살아 계신다는 확신이 강하고 그만큼 받은 은혜가 있기 때문이다. 그래서 믿음과 행위를 자신의 삶과 결합시키는 실천적 신앙으로 그리스도를 따르려 하는 것이다. 훌륭한 크리스천이 훌륭한 직장인이 되어야 한다는 것은 당연한 원리이다.

그러나 대부분의 크리스천 직장인은 주일의 교회출석이나 십일조 헌금으로 신앙적 의무를 다했다고 자위한다. 주변에 더 나은 그리스도인이 없고, 교회에서도 이 부분은 별로 간섭하지 않기 때문에 별 저항을 받지 않고 현실주의자로 변신한다. 많은 수의 크리스천 직장인들은 "교회는 교회고 세상은 세상이다."라는 식의 이분론적 사고에 빠진다. 그리고 주일의 교회생활에서만 만족하려 하는 선데이 크리스천이 되는 양상을 띠게 된다.

이러한 환경 속에서 "사탄이 지배하는 세상은 어떻게 하던지 세상이고, 신앙생활은 별개이다."라는 식으로 양자를 분리시키는 것이다. 영적인 일은 귀하고 가치가 있으며 육적인 삶은 그렇지 못하다고 생각하는 자기보호적 합리화로 이어지기도 한다. 그러나 진정한 의미에서의 거룩은 세상과 분리된 곳에서 나타나는 것이 아니라 다른 사람과 어울려 지내는 일터라는 울타리 속에서 드러나는 것이다.

떠남과 들어감의 되풀이

일터에서 영적인 삶을 살아가려면 크리스천들은 '일터 속으로의 들어감'과 '일터에서의 떠남'이라는 과정을 상호 보완적으로 수행해야 한다. 때로는 일을 떠나 하나님과의 관계를 가져야 한다. 갈멜산에서 치열한 영적 전투를 치렀던 엘리야였지만 그는 탈진하고 만다. 하나님과의 관계에서 계속적으로 충전 받음 없이 일에만 매달릴 때 우리는 탈진하고 만다. 삶의 의미와 가치가 흐려지고 내가 이렇게 헌신하는 것이 무엇 때문인가 하는 회의가 찾아올 수 있다. 사람들과의 부대낌 속에서 영적으로 충전 받지 못하면 그는 지쳐 버리고 하던 일마저 포기해 버릴 수 있다.

열왕기상 19장 4절 후반부에 나온 엘리야는 로뎀 나무에 앉아서 "지금 내 생명을 거두시옵소서 나는 내 조상들보다 낫지 못하니이다 하고"라며 자포자기하는 모습을 보인다. 우리도 엘리야와 같을 수 있다. 그러지 않기 위해서는 우리에게도 엘리야와 같은 호렙산의 시간이 있어야 한다. 엘리야는 호렙산의 동굴로 찾아갔다. 그리고 그 굴속에서 하나님의 음성을 들었다. 하나님은 엘리야에게 "네가 어찌하여 여기 있느냐?"라고 말씀하신다. 그리고 그에게 너 이외에도 7천 명의 남은 자가 있다는 말씀을 하신다. 그리고 그가 해야 할 일을 새롭게 일러 주신다. 이처럼 우리에게도 갈멜산에서의 치열한 영적 전투시간과 호렙산에서의 조용한 하나님 음성 듣기시간이 모두 있어야 한다. 갈멜산에서의 삶은 엘리야에게 풍요와 다산이라는 우상숭배에 빠져 있던 바알의 선지자들과 싸우는 시간이었다. 우리에게는 세상에 나가 일터 속에서 헌신하고 일에 몰입하는 시간이다. 반면에 일터를 떠난 호렙산에서의 삶은 새롭게 충전 받고 영적으로 채움 받는 시간이다.

크리스천에게는 일터에서의 시간과 일터를 떠나 은둔하는 혼자만의 시간 두 가지 모두가 있어야 한다. 일터에서의 시간은 세상으로 들어가는 시간이다. 일터에서 열심히 일하는 것을 통해 하나님의 영광이 드러나도록 해야 한다. 혼자만의 시간은 영적인 장소에서 하나님을 만나는 시간이다. 크리스천들은 일반적으로 이런 시간을 교회에서의 예배와 기도를 통해 가진다. 이처럼 들어감과 떠남이 모두 있어야 하고 서로 간에 선 순환적으로 이어져야 한다. 세상 속으로 들어가는 변혁의 시간과 세상을 떠나는 분리의 시간이 교차되어야 한다. 그런데 이것이 통합적으로 연계되지 않고 한 가지만 존재하면 세상과 분리된 신앙이 되어 버리거나, 혹은 세상에 파묻혀 버려 신앙조차 잃어버리게 되는 것이다.

본서의 내용 구성

본서는 경제활동을 하는 크리스천 직장인들에게 신앙적 도움을 주기 위한 목적으로 집필되었다. 이 책은 총 3장으로 구성되어 있다. 세상에서 일터로, 그리고 개인으로 초점을 좁혀 나가면서 안내하고자 하였다.

1장에서는 이 시대 세상이 안고 있는 거대한 문제들을 영적인 관점에서 이해한 내용이다. 이 시대를 금융자본주의에서의 돈 숭배, 글로벌화, 버블 경제, 양극화, 분열과 대립으로 특징지었다. 그리고 이런 세상적 모습 속에서 하나님이 원하시는 것들을 정리했다. 이 부분은 거시적 차원의 정치, 경제, 사회, 문화적 현상들을 신앙적 관점에서 해석한 것이라고 할 수 있다. 특별히 매모니즘에서 하나님 우선하기, 버블 경제에서 정직성 회복, 시장성과 공공성의 균형 찾기, 조화와 통합정신을 영적 가이드로 제시했다.

2장에서는 일터가 맞고 있는 구체적이고도 다양한 과제들을 놓고 영적인 시각에서 바라보고 정리했다. 포스트모더니즘에서의 조직문화 현실, 실업위기 속에서 일자리 창출, 공동체 정신 배양, 창조적 역량 개발, 섬김의 리더십 개발을 가이드로 제시하였다. 이 부분은 경영적 관점과 신앙적 관점을 통합한 것이라고 할 수 있다.

마지막 3장에서는 개인적 차원에서 직장인으로서의 영성을 어떻게 지켜 낼 것인가를 제시하였다. 성경적 재물관을 다시금 돌아보면서 직장 신우회에서 활동하기, 바쁜 일정 속에서 영성 개발하기 등을 가이드로 제시하였다. 이러한 내용들이 매일매일 전투적 삶을 치러야 하는 이 시대 일터 크리스천들에게 조금이나마 도움이 되기를 바란다.

이 책의 내용 구성에 도움을 주신 기독경영연구원의 배종석 교수님, 류지성 박사님, 한정화 교수님, 황호찬 교수님 등 여러 운영위원들께 감사들 드린다. 이 책의 출간에 적극적으로 나서 주시고 도움을 주신 예영커뮤니케이션의 김승데 시장님께도 깊은 감사를 드린다. 그리고 중앙성결교회에서 든든한 후원자이신 한기채 담임목사님께 감사드린다. 늘 나와 함께 한 아내 한영주와 아들 천은재, 가족들에게 한없는 사랑을 전한다. 마지막으로 나를 늘 인도해 주시는 하나님께 감사드린다.

2010. 7. 31
구기동에서 천상만

제 1장

세상 속에서

크리스천의 삶의 영역은
교회라는 건물공간 안에서
주일이라는 시간에만 이루어지는 삶만이 아니다.
크리스천은 시간적으로는 하루 24시간,
1년 365일 모두 하나님 앞에 선 존재이다.
그리고 공간적으로는 가정과 일터, 교회
모든 곳에서 하나님 앞에 선 존재이다.

다시금 깨우치는 문화명령

"그러므로 너희는 이렇게 기도하라
하늘에 계신 우리 아버지여 이름이 거룩히 여김을 받으시오며 나라가 임하시오며 뜻이 하
늘에서 이루어진 것 같이 땅에서도 이루어지이다"(마 6:9-10).

하나님이 신앙인에게 주신 명령은 크게 문화명령과 전도명령의 두 가지로 나눌 수 있다. 문화명령은 "하나님이 그들에게 복을 주시며 하나님이 그들에게 이르시되 생육하고 번성하여 땅에 충만하라, 땅을 정복하라, 바다의 물고기와 하늘의 새와 땅에 움직이는 모든 생물을 다스리라 하시니라"(창 1:28)는 말씀에서 잘 나타난다. 하나님은 직접 이 땅을 창조하셨지만 이 땅을 다스리는 주체로서 아담을 세우셨다. 그래서 이 땅을 다스리는 역할을 인간에게 위임하신 것이다. 오늘 우리에게 주시는 문화명령은 구원받은 크리스천이 자신이 속한 가정과 일터에서 청지기로서의 직분을 다하여 그곳을 하나님 나라로 만들어 가라는 명령이라고 할 수 있다.

문화명령이 구체적으로 어떻게 나타나야 하는지는 시대와 국가, 상황에 따라 다를 것이다. 그러나 크리스천이 살고 있는 그들의 현재적 삶의 자리가 바로 하나님 나라가 되어야 한다는 점에서는 시대를 초월한 보편적 명

령이라고 할 것이다. 이는 죄악에 물들어 있는 세상에 하나님의 주권을 선포하는 행위이다. 그리고 하나님 나라를 이루시는 주도자는 하나님이시지만 그 명령에 동참하는 실행자는 인간이라는 점을 분명히 한다. 이는 성령께서 역사하심으로 우리를 통해 이루어지는 세상을 변화시키라는 명령이기도 하다.

문화명령과 전도명령

반면에 전도명령은 "그러므로 너희는 가서 모든 민족을 제자로 삼아 아버지와 아들과 성령의 이름으로 세례를 베풀고 내가 너희에게 분부한 모든 것을 가르쳐 지키게 하라"(마 28:19-20)이다. 전도명령은 한 사람 한 사람이 예수 그리스도를 영접하도록 하는 것이다. 이는 "사람이 마음으로 믿어 의에 이르고 입으로 시인하여 구원에 이르느니라"(롬 10:10)는 말씀의 실천이라고 할 수 있다. 전도명령이 직접선교의 성격을 가진다면, 문화명령은 간접선교의 성격을 가진다고 할 수 있다. 직접적으로 복음을 전한다기보다는 복음을 호의적으로 받아들일 수 있는 여건과 분위기 조성에 기여한다고 할 수 있다.

우리는 "아버지의 뜻이 하늘에서와 같이 땅에서도 이루어지게 하소서."라는 주기도문을 늘 외운다. 그러나 이렇게 일상적으로 고백하면서도 우리는 이 말씀의 실현을 위해 자신을 얼마나 드리는가? 크리스천의 삶의 영역은 교회라는 건물공간 안에서 주일이라는 시간에만 이루어지는 삶만이 아니다. 크리스천은 시간적으로는 하루 24시간, 1년 365일 모두 하나님 앞에 선 존재이다. 그리고 공간적으로는 가정과 일터, 교회 모든 곳에서 하나님 앞에 선 존재이다.

그간 복음주의 교회들은 전도명령을 충실히 수행해 왔다. 그러나 한편으로는 문화명령보다 전도명령에 더 많은 노력을 기울여 왔다. 전도명령은 크리스천에게 피할 수 없는 하나님의 명령이다. 한 영혼을 하나님의 자녀로 인도하는 것, 그렇게 함으로써 그에게 영원한 생명을 갖도록 하는 것은 한 영혼이 천하보다 귀하기 때문에 크리스천에게 귀중한 사명이다.

그러나 크리스천에게는 이 땅을 하나님의 뜻이 이루어지는 장으로 만들어야 할 청지기로서의 사명이 있다. 이것이 이 시대 크리스천이 다시금 새겨야 할 문화명령이다. 오늘 우리는 전도가 잘 안 된다는 어려움에 처해 있다. 그리고 앞으로의 전도는 가족, 친구, 직장동료, 고객 등 일상 삶 속에서 만나는 사람들과의 지속적 관계를 통해 이루어질 수밖에 없다고 말한다. 일회적으로 말로 하는 전도는 수없이 실천해 왔다. 물론 이런 전도도 중요하다. 그러나 주위 사람들에게 삶으로 살아가는 모습을 통해 예수 믿는 사람들은 뭔가 다르다는 점에서 감동을 주어야 한다. 믿는 이들의 모범적인 삶이 따르지 않고는 예수를 믿게 하기도 어렵다.

『일터교회가 오고 있다』를 저술한 피터 와그너(Peter C. Wagner)는 문화명령이란 사회를 변화시키라는 명령이며, 전도명령이란 영혼을 구원하라는 명령이라고 말한다.[1] 신앙인은 문화명령에 의거하여 자신이 소속된 일터의 청지기로서 선한 관리자 역할을 해야 할 사명이 있다고 말한다.

최근 몇 년간 선교학계에서는 로렌 커닝햄(Loren Cunningham), 루이스 부시(Louis Busch) 등 세계적 선교지도자들이 이구동성으로 교회 밖 사회영역에 대한 변화 추구를 주창해 오고 있다. 이들은 교회가 교회라는 울타리 내에만 머무르지 말고 복음을 통한 사회의 총체적 변화로 나가야 한다고 말한다. 나아가 거듭난 크리스천은 자신이 서 있는 삶의 자리에서 죄성에 물들은 사회영역을 변화시키는 선도자 역할을 해야 한다고 말한다. 그리고 사회의 개별 부분들을 '영역'이라는 호칭으로 구분하여 각 영역마다 이루어져야 할 하나님의 성품으로서 다림줄을 제시한다.

YWAM(Youth With A Mission, 예수전도단)은 정치에서는 섬김, 경제에서는 공의, 언론에서는 진실, 교육에서는 창의, 예술에서는 아름다움, 과학기술에서는 창조, 가정에서는 사랑, 종교에서는 긍휼을 다림줄로 제시한다. 그리고 그 다림줄에 맞추어 각 사회영역이 변화될 수 있도록 기도하고, 크리스천은 그러한 사역의 통로가 되어야 한다고 말한다.

만인제사장과 직업으로서의 소명

문화명령 이행에는 세상 속의 각 영역에서 직업을 가지고 살아가는 평신도 역할이 중요하다. 『참으로 해방된 평신도』를 저술한 폴 스티븐슨(Paul Stevenson)은 평신도가 나서는 역사 변혁적 크리스천 공동체의 역할을 강조한다. 평신도가 주일과 평일을 포함한 자기 생활 전부를 하나님께 드리는 제사장이 되어야 한다는 평신도신학, 삶의 현장에서 복음을 증거해야 한다는 선교신학, 하나님이 역사의 주체가 되어 역사를 변혁시키신다는 하나님의 선교(Missio Dei)신학은 문화명령을 강조하는 신학이라고 할 수 있다.

마틴 루터(Martin Luther)의 만인사제직과 소명론도 평신도의 적극적 문화명령 수행을 뒷받침해 준다. 루터는 하나님께서는 각 사람을 사회 속의 각자의 자리에 두셔서 그 자리에 속한 일을 하도록 하신다고 가르쳤다. 그는 "일 또는 노동으로서 모든 직업은 소명이다."라고 말한다. 루터는 "각 사람은 부르심을 받은 그 부르심 그대로 지내라"(고전 7:20)는 바울의 말을 근거로 하여 크리스천의 부르심은 능력을 다해 세상의 일을 시행해 가는 것이라고 하였다. 그는 구두수선공은 구두를 최선을 다해 잘 수선해야 한다고 말한다. 구두수선공은 이를 통하여 하나님을 사랑하고 이웃에게 봉사하는 것이다. 따라서 루터는 일 또는 직업이라는 말보다 당시에 성직으로의 부름에만 국한하여 사용하던 단어인 소명(Vocation) 혹은 천직(Calling)이라는 말을 세속 직업에 사용하였다.[2]

루터와 같이 대부분의 종교개혁자들도 모든 형태의 노동이 동등한 가치를 지니며 똑같이 하나님을 기쁘시게 하는 것이라고 주장하였다. 루터는 사제나 수도사가 되는 길만이 하나님의 일을 하는 것이 아니라 세상의 모든 직업이 하나님의 부르심에 따른 하나님의 일이라고 가르쳤다. 따라서 모든 노동과 삶의 계층으로까지 신적 소명을 확대하였다. 나아가 칼빈(Jean Calvin)은 중세시대에 도덕적 비난의 대상이 되었던 상업과 대금업에 대해 성과 속의 이분법적 교리를 거부하면서 이러한 직업도 하나님이 주신 직업이라고 옹호하였다.

예수님의 경우도 그의 사역기간이 3년인 것에 비해, 목수로서의 직업생활을 오랫동안 수행하셨다. 모세의 경우도 40년의 사역기간 이전에 40년의 목축업자 생활이 있었다. 엘리사도 큰 규모의 농부로서 일하고 있었을 때 부름을 받았다. 요셉과 느헤미야는 공무원, 여호수아는 군인, 다윗과 어호사밧은 정치인으로서 직업을 가지고 있었다. 바울도 밤낮으로 자기 직업이었던 장막 만드는 일을 하면서(살전 2:9, 살후 3:8) 복음을 전파하였다.

이들은 다 직업인이었다. 이처럼 성서에 나오는 위대한 신앙인들은 직업을 가진 사람들이었고, 그 직업 속에서 하나님이 주신 소명을 이루어 간 것이다.

피터 와그너가 말하는 사회변혁과 부의 이동, 일터사도

피터 와그너는 그의 저서에서 일터교회가 추구해야 할 지향점으로 '사회변혁'과 '부의 이동' 두 가지를 제시하였다. 그리고 일터교회를 추구하는 주체로서 일터사도가 일어날 것이라고 말한다. 그는 사회변혁과 부의 이동에서 중심적 역할을 할 사람이 일터사도라고 말한다. 일터사도는 일터교회를 이끌어 가는 지도자이다. 그는 일터사도를 지역교회 목회자와 구분하여 제시한다.

그러면 그가 말하는 일터사도란 누구인가? 그는 직업현장으로 들어간 목사를 들기도 한다. 피터 와그너는 싱가포르에서의 로렌스 콩(Lawrence Khong) 목사와 선호(Sun Ho) 목사를 예로 든다. 로렌스 콩 목사는 마술 전문가로서 전 세계를 도는 "사랑의 마술"이라는 쇼를 교회가 아닌 극장에서 공연하였는데 중국, 미국, 동남아 등지에서 호평을 받았다. 그는 공연이 끝난 후 하나님을 높여 드리고 그의 팀과 함께 극장에서 복음을 소개하는 사역을 하였다고 한다.

선호 목사는 여성 찬양사역자로서 대중음악 영역으로 들어간 이후 2,3년 안에 세계적으로 유명한 대중가수가 되어 여러 잡지의 표지 인물이 되기도 하였다. 그녀는 공연기금으로 중국에 학교 및 병원을 짓도록 하였으며, 여전히 싱가포르 최대의 교회인 시티하베스트(City Harvest)교회에서 남편인 콩히(Kong Hee) 목사를 도와 예배와 찬양을 인도하고 있다고 한다.

이 두 사람은 목사로서 대중문화 활동에 전념한다는 이유로 여러 지역교회 지도자들로부터 비난을 받기도 하였다. 그러나 그들이 미치는 영향력은 교회 안과 밖 모두에서 지대하다고 할 것이다. 오늘날 한국에도 지역교회 목회에만 전념하지 않고 일터사역이나 문화사역을 병행하는 목사가 점차 늘어나고 있다.

일터 사도를 꼭 목회자 신분으로만 한정할 필요는 없다. 일반적으로 목사의 약점은 평신도의 일터 현장을 잘 모른다는 체험적 한계가 있다. 피터 와그너도 목사가 아닌 평신도로서 일터에서 활동하는 다양한 직업의 사람들이 일터사도가 될 수 있다고 말한다. 다만 이들이 일터사도가 되느냐는 얼마나 성령의 능력에 붙잡힌 상태에서 영적전쟁을 수행하는지 그리고 얼마나 하나님 나라를 이루려는 열정이 충만한지에 달려 있다는 것이다.

우리나라에도 지역교회에서 장로, 집사 직분을 갖고 있으면서 일터에서 적극적인 사역자로 복음전도와 일터변혁을 실천하는 분들을 많이 볼 수 있다.

크리스천 직장인의 이중성 현실

그러나 오늘 일터에서 살아가는 많은 크리스천들은 직업인으로서의 문화명령을 적극적으로 수행하기보다는 오히려 위축되어 있고, 신앙적으로는 이중성의 문제를 안고 살아가고 있다. 이중성이란 한 인격이 일관되지 못하게 상충되는 행동을 하는 모습을 말한다. 신앙적 이중성이란 신실한 크리스천이 신앙적으로는 하나님이 원하시는 생명과 사랑의 삶을 살겠다고 기도하고 결단하지만, 실제로 자신이 속해 있는 기업, 공공기관, 자영업소 등의 다양한 일터에서는 그렇게 살아가지 못한다는 점이다.

이러한 이유에는 신앙적 믿음이 부족하기 때문일 수도 있다. 즉 순교자적 각오를 가지고 자기가 겪을 불이익, 손해를 불사하면서 올바른 선택을 하지 못하는 것이라고 할 수 있다. 그러나 한편으로는 세상이라는 자리가 신앙인을 공격하고 유혹하며 각종 다양한 방법으로 핍박, 억압하는 어둠의 영, 사단의 지배지이기 때문이기도 하다. 대표적인 사례가 신실한 크리스천 직장인들이 겪는 음주회식 문화이다. 물론 신앙인 삶의 기준을 음주나 흡연 여부로만 판단하는 것에는 무리가 있다. 그러나 수많은 직장이 아직도 폭탄주 돌리기식 회식 문화, 2-3차로 이어지는 술 마시기 문화를 가지고 있다. 자신의 상사가 술잔을 줄 때 "저는 크리스천이라 술 못 먹습니다."라고 말할 수 있다.

그러나 본인이 이러한 선택을 할 때는 어느 정도 따돌림을 당할 수도 있다는 생각을 하고 이를 감내하지 않으면 안 된다. 그런 행동을 선택하는 크리스천 직장인이 역량이나 성과면에서 잘하는 사람이라면 그런대로 조직 속에서 살아갈 수 있다. 하지만 일도 잘 못하고 능력도 부족하면서 신앙적 이유로 회식에 잘 안 끼려고 하고, 주일 출근은 절대 못한다고 하거나, 수요일이나 금요일조차도 교회활동을 이유로 칼퇴근한다면 그는 조직에서 살아남기 힘들다고 봐야 할 것이다.

실제 대부분의 직장은 특정인이 담당 업무에서 성과를 내지 못하거나 능력 부족이라는 평가를 받으면 그가 직장 내에서 하는 성경모임 등의 종교적 활동조차도 문제 삼을 수 있다. 그렇기 때문에 많은 크리스천 직장인들이 직장 내에서는 자신이 크리스천임을 잘 드러내지 않으려고 한다. 소극적 차원의 신앙생활에 익숙한 사람들은 어찌하든지 직장에서 불신자, 신자들에게 시선을 받지 않고 조용히 자유롭게 지내려고 한다. 이들의 두드러진 특징은 직장 내에서 신앙생활로 관련하여 자신의 시간을 뺏기는 것을 원치 않는다는 점이다.

크리스천 경영자의 고민

한 기업이나 조직을 이끌어 가는 경영자 경우는 피고용인으로서의 직장인보다 많은 부담을 않고 살아간다. 이중성의 문제는 피고용자로서 직장인뿐 아니라 고용자 입장에 있는 경영자에게 더 심각할 수 있다. 성령의 전으로서 한 인격이 교회 내에서는 거룩한 신자의 모습으로 살다가, 일터 속의 영업장이나 사람 만남에서는 비기독교인들이 요구하는 행동 – 술 접대, 과도한 선물 제공, 마음에도 없는 아첨, 비위 맞추기 등 – 을 요구받고 이를 거절하지 못하고 살아가는 것이다.

이러한 신앙생활의 이중성은 개인 이기주의와 형식주의 양태로 이어지기도 한다. 이러한 이중적 신앙인들은 적극적으로 하나님을 이용하여 자신의 유익을 도모하려 하기도 한다. 이들은 겉으로는 하나님 나라 건설에 관심을 보이나 속으로는 관심 밖이다. 이들은 사업경영을 위해 뇌물을 서슴없이 주고받으며, 거짓말하고 허위광고 하는 일, 사업 자체도 하나님이 기뻐하시지 않는 사업을 하기도 한다.

일터에는 영리목적을 추구하는 기업과 영리성 외에 공공성을 추구하는 비영리적 일터가 있다. 영리목적을 추구하는 기업도 최근에는 사회적 책임과 윤리경영, 투명경영, 녹색경영을 기업 존속을 위한 필수불가결한 요소로 인식하고 실천하려 한다. 그러나 기업은 무엇보다 시장에서의 생존을 우선으로 한다. 그러기 위해서는 변화하는 외부환경에 잘 대응하면서 내부 역량을 개발하고 변화 혁신하는 자세를 추구할 수밖에 없다. 기업이 경쟁자와 대결하여 시장에서 고객만족을 이루지 못할 때 일터는 존속하기 어렵다. 고객이 기업이 제공하는 상품이나 서비스에 만족하지 못할 때 이는 고객 불만족 -> 매출감소-> 적자발생-> 규모축소 -> 고용유지 어려움->

구조조정-> 종업원 불만 증가-> 고객 불만족이라는 악순환이 이어지게 되는 것이다.

따라서 기업은 강력한 성과 지향성을 보이게 된다. 성과를 내지 못하는 크리스천 기업이 윤리성이나 신앙성을 우선적으로 내세우는 데는 한계가 있을 수밖에 없다. 실제로 많은 크리스천 사업가들이 자신들의 기업활동에서 오는 윤리적 문제 때문에 괴로워하고 상담을 요청해 온다. 기독실업인회에 모이는 많은 크리스천 실업자들은 자신의 기업활동이 하나님이 원하시는 방향으로 인정받으려고 발버둥치고 있다.

그러나 문화명령 실천 이전에 기업 자체가 망하거나 문을 닫을 수 있는 위기에 놓여 있다면 경영자들의 선택 폭은 좁아질 수밖에 없다. 오늘 우리 사회와 같은 풍토에서 뇌물 안 주고, 탈세 안 하고, 거짓말 안 하고, 타협 안 하고 어떻게 기업을 성장시킬 수 있느냐고 반문하는 사람들도 적지 않다. 신실한 크리스천일수록 비둘기 같은 순결함이 요구되지만, 뱀 같은 지혜가 없이는 일터 속에서 실족하거나 좌절하게 되는 현실이다. 이러한 현실 속에서 신앙적 순결성을 어떻게 조화시킬 것인가가 오늘의 일터에 있는 경영자나 직장인이 공통으로 고심하는 과제이다.

2

돈 숭배 속에서 하나님 우선하기

"그러므로 염려하여 이르기를 무엇을 먹을까 무엇을 마실까 무엇을 입을까 하지 말라
이는 다 이방인들이 구하는 것이라
너희 하늘 아버지께서 이 모든 것이 너희에게 있어야 할 줄을 아시느니라
그런즉 너희는 먼저 그의 나라와 그의 의를 구하라
그리하면 이 모든 것을 너희에게 더하시리라"(마 6:31-33).

내가 만난 어느 대학생은 "자기는 부모 때문에 어쩔 수 없이 교회는 다니지만 정말 기독교인이 되고 싶은 생각은 없다."라고 말했다. "왜 그러느냐?"라고 물었더니 "강남의 어느 교회에 다니는 사람들의 얼굴을 보면 볼수록 그들의 모습에서 더 가지고 싶고, 더 누리고 싶고, 더 편안하게 살고 싶어 하는 욕심을 보기 때문"이라는 것이었다.

물론 이 대학생의 얘기가 잘못된 생각일 수 있다. 어느 특정 부분만을 본 것이거나, 잘못된 선입견에 젖어 있는 것이라고 말할 수 있다. 그러나 나는 "오늘 이러한 얘기에 동감하는 사람들이 이 대학생 혼자만일까?"라고 되물어본다.

경제지상주의

오늘 우리가 사는 세상에서는 돈의 가치가 어느 때보다 강해졌다. 돈 숭배로서의 매모니즘은 지금 이 시대의 가장 강력한 시대정신이다. 돈은 인생의 다른 가치 – 건강, 정신적 풍요, 가정, 인간관계, 종교 등 – 보다 훨씬 우월하고 결정적인 힘을 발휘한다. 결혼에서 배우자를 고르는 요소도 돈이 최우선이다. 건강, 가정배경, 성격, 종교, 학벌 등을 모두 따돌린다. 돈 없으면 무능자이다. "부자 되세요."가 서로 간의 대표적 인사다. 부자 아빠는 좋은 아빠이고, 가난한 아빠는 나쁜 아빠이다. 그래서 사람들이 생각하는 돈 벌기 궁리는 그 어느 때보다 치열하다.

돈은 필요한 것 이상이며, 생명일 정도로 다른 어떤 가치나 목적을 능가한다. 그래서 모두가 재테크에 목숨을 건다. 돈 있는 곳에 사람이 몰리는 현상은 당연하다. 아파트 청약현장에는 로또열풍이라고 할 만큼 신청자들이 몇백 미터에 이르는 줄을 만든다. 경제 중심의 시장가치가 지배하다 보니 교회 내에서도 장로가 되려면 재력이 있어야 한다. 교인들이 목사에게 요구하는 것도 고객 만족, 고객 지향을 더 해 달라는 것이다.

이 시대 사람들의 주된 관심사를 키워드로 표현한다면 재테크, 웰빙, 재미(fun)라고 할 수 있다. 잘 먹고 잘 사는 것이 인생의 목적이다. "잘 먹고 잘 산다는 것이 무엇이냐?"라고 물으면 웰빙족(族)은 두 가지를 든다. 첫째는 건강이고 둘째는 물질적 풍요이다. 다른 골치 아픈 것은 싫다는 것이다. 잘 먹고 잘 살면 다 되는 것 아닌가? 정신적인 가치나 골치 아픈 이념적인 것은 싫다는 것이다. 삶은 즐기는 것이다. 그래서 레저와 관광, 스포츠가 더욱 중요해진다. 주 5일 근무, 여유, 즐김, 편리함 이런 것들의 가치는 부각된다. 몇 년 전 현대 M 카드 광고가 유행적인 반향을 불러일으킨 광고문 "열심히 일한 당신, 떠나라!"는 웰빙 추구의 모토이다. 이러한 것들은 다 매모니즘의 한 현상이다. 매모니즘은 전 세계적으로 소비문화를 동질화시키고 있다.

중상층으로 가면 갈수록 명품 지상주의가 지배한다. 사람들은 점심은 라면을 먹더라도 옷과 가방, 구두는 명품 브랜드로 치장해야 한다며 천만 원을 호가하는 에르메스 핸드백에 열광한다. 몇백만 원에 달하는 명품가방을 사면서도 콩나물 사는 데는 몇백 원 가지고 애를 쓰며 깎으려고 한다. 이런 소비자들의 모습에서 아이러니를 느끼지 않을 수 없다. 왜 사람들은 이렇게 명품에 몰리는가? 혹자는 허약한 내면과 열등감의 표출이라고 말하기도 한다. 명품 지향은 럭셔리 마케팅(Luxury Marketing)을 낳고, 이는 귀족문화를 낳고 있다.

그런데 고소득층이 지향하는 가치가 모든 계층 사람들에게 퍼져 가고 있다. 그리고 부자들의 삶에는 누에고치(Cocoon)처럼 보호막 안으로 칩거하려는 현상이 생겨난다. 외부의 골치 아픈 현실로부터 자신을 보호하기 위해 안전하고 포근한 나만의 환경 속으로 파고든다. 일정 범위의 자기 울타리를 설정하고 그 밖의 것들에 대해서는 관심을 두지 않으려 한다. 좋은 점으로는 자신의 관심사항에 집중한다는 점이다. 외형적으로는 세콤과 같은 경비시설, 경비원, 경비장치 강화로 나타난다. 내면적으로는 자기와 상관없는 바깥일에 대해서는 관심도 침여도 하지 않으려 한다. 자기 울타리 안의 관심거리 외에는 신경 안 쓰고 살아가려는 것이다.

자본주의 경제에서의 물질적 풍요와 시장형 인간

사람들은 모두가 경제, 경제를 외치고 있다. 과거보다는 물질적으로 분명히 잘 살게 되었지만 여전히 모두가 경제가 어렵다고 한다. 그리고 경제 문제를 해결해 주는 사람이면 영혼이라도 가져다 바칠 것처럼 얘기들을 한다. 경제위기 때문에 모두가 힘들다고 말하지만 사실 인류역사에서 지금처럼 물질적 풍요함을 누린 시기는 없었다.

이는 경제체제로서 자본주의시장경제가 가져다 준 효율성에 힘입었기 때문이다. 시장경제체제는 인적 지배라기보다 시스템에 의한 운영이다. 가격이라는 지표가 최적의 자원배분을 결정한다. 그리고 경제주체 간의 경쟁 시스템이 새로운 제품과 상품개발, 그리고 전반적인 부의 창출을 가져오는 데 기여하였다. 자본주의경제는 이러한 시장경쟁 구조를 통해 사회주의 경제체제가 이룩하지 못한 놀라운 생산력 발전과 물질적 풍요를 가져왔다.

반면 사회주의 시스템은 소수의 사람들이 계획을 통하여 최적의 투입 자원 배분을 이루려는 인적 시스템인 셈이다. 그러나 결국은 그것이 실패로 끝나고 말았다. 자본주의 대 사회주의 경제체제 경쟁은 90년대 초 소련 및 동구 사회주의권의 붕괴로 이미 실험이 끝난 것으로 보아야 한다. 공산당 일당독재를 유지하고 있는 중국도 경제면에서는 자본주의시장체제로 철저하게 발전시켜 가는 것이 바로 이 점 때문이라고 할 것이다.

시장형 인간이란 자본주의 사회 시스템에 적응하면서 발전되어 온 인간유형이다. 시장형 인간은 경쟁에 능한 인간이다. 누구와 경쟁해야 할 것인지 그리고 어떻게 해야 경쟁에서 이기는지를 잘 안다. 이들은 유능하고, 진취적이다. 그리고 창의적이며, 적극적이다. 어렸을 때부터 교육과 시험을 통해 남보다 앞서는 것에 익숙해진 인간이다.

금융자본주의에서 시장형 인간의 대표자는 금융이나 기업의 재무분야에서 일하는 직장인이다. 이들은 누구보다 부의 창출에 민감하다. 그래서 최고 수익률 추구로서 부동산과 주식투자 재테크에 관심을 쏟는다. 현직에서 은퇴하고 나서도 삶의 주된 관심은 부의 유지를 통한 여유로운 삶에 있다. 시장형 인간은 성공하고픈 인간욕구에 충실하다. 인간이 가지는 생존욕구, 안정욕구, 관계욕구, 인정욕구, 자기실현욕구를 성공을 위해 아낌없이 발휘한다. 이들은 시장의 생리를 잘 알면서 사람들의 필요와 욕구도 잘 읽기 때문에 더 잘 성공할 수 있다. 그래서 이들은 자기계발에 철저하다. 더 많이 알아야 하고 더 많은 지식과 정보를 얻기 위해 끊임없이 공부하고 노력한다. 이들은 자기가 살아남기 위해서는 남을 이겨야만 한다는 의식이 강하다. 적어도 직업의 자리에 있어서는 실력과 능력의 잣대를 가지고 사람을 평가한다. 그리고 연봉수준이나 자신의 사회적 지위를 가지고 인생의 성공여부를 판단하기도 한다. 그래서 이들에게 동료나 이웃은 경쟁자로서 다가온다. 경쟁이 더 없이 치열해질 때는 상대가 적이 되기도 한다. 이들은 끝없는 승리를 향해 나아간다. 그래서 자기 것을 양보하는 것, 남을 위해 자기가 져주는 것 이런 것이 약해진다. 반대급부 없이 타인에게 적극적으로 협력해 주기도 어렵고, 약자로서의 경쟁자를 따뜻하게 배려하는 것도 부족해질 수 있다. 나아가 타인을 자신의 성공을 위한 도구로까지 활용한다.

이처럼 시장형 인간은 자본주의가 시장논리에 충실한 인간을 만들어가는 과정에서 형성된 인간모습이다. 이들의 생각과 감정, 행동에 영향을 미치는 욕구는 이기심이다. 자기보호, 자기성취 이런 것들이 자신을 움직여가는 에너지인 것이다.

인간의 관심 – 건강, 돈, 성공, 관계

종교생활을 하는 대부분 사람들도 그들의 주된 관심사는 건강과 돈,

자녀, 관계이다. 크리스천들의 대부분 기도제목도 여기에 해당된다. 병이 났거나 건강이 좋지 않을 때 사람들은 이 문제를 가지고 하나님께 나아간다. 돈이나 재정문제를 놓고 간절하게 기도한다. 어느 사람치고 이 문제에서 자유로운 사람이 있겠는가? 또 자녀들의 학업과 입시, 결혼 등의 문제를 가지고 기도를 한다.

한국교회의 경우 새벽 기도회에 사람들이 제일 많이 모이는 때가 가을 대입수능시험 기간이다. 사람들은 자신에게 절실한 문제가 있을 때 이것을 가지고 하나님께 나아오기 마련이다. 그리고 이런 문제가 있다는 것이 사람들로 하여금 하나님께로 나아오게끔 만드는 계기이기도 하다. 문제가 있다는 것은 새로운 세계로 나아가는 징검다리인 셈이다. 그만큼 절실하고 간절한 것이다. 이처럼 사람들은 건강과 자녀, 경제나 사업, 힘든 재정적인 문제, 관계문제로 힘들어하면서 하나님 앞에 나가 간구하는 것이다.

하나님의 뜻 – 생명과 사랑

그런데 하나님의 관심은 인간에 대한 생명과 사랑이다. 이 두 가지가 기독교의 핵심이다. 하나님은 우리 삶에 생명과 사랑이 있기를 원하신다. 그것도 존재하는 정도를 넘어서 풍성히 넘치시기를 원하신다. 성경은 처음부터 끝까지 이러한 생명과 사랑에 대해 말하고 있다.

성경은 성서 기자들이 1,500여 년에 걸쳐 그들이 처했던 시대적 상황 속에서 하나님의 생명과 사랑을 체험한 고백 기록이다. 그리고 그들이 처했던 역사적 정황 속에서 하나님의 뜻대로 살려고 했던 발버둥의 이야기이다. 오늘 우리의 시대는 그때와는 다르다. 역사의 주인공들이 다르고, 처해 있는 상황도 다르다. 그러나 지금이나 그때나 우리를 향한 하나님의 마음은 같다.

하나님은 생명과 사랑이 우리에게 풍성하기를 원하신다. 생명이란 "영생은 곧 유일하신 참 하나님과 그가 보내신 자 예수 그리스도를 아는 것이니이다"(요 17:3). "영접하는 자 곧 그 이름을 믿는 자들에게는 하나님의 자녀가 되는 권세를 주셨으니"(요 1:12), "아들이 있는 자에게는 생명이 있고 하나님의 아들이 없는 자에게는 생명이 없느니라"(요일 5:12)처럼 예수 그리스도를 영접하는 것이다.

성경은 계속 이 사실에 대해 분명히 말하고 있다. 생명은 예수 그리스도를 알고 그 안에 거하는 것이라고 한다. 따라서 우리가 원하는 것, 우리의 기도가 하나님의 생명 구하심과 합치된다면 그것은 하나님의 뜻이고, 하나님이 원하시는 것이다. 가족구원도 이러한 범주에 든다고 보아야 한다.

그리고 하나님의 관심은 사랑이다. 하나님은 우리가 타인을 돌보고 섬기며, 타인에게 나누어 주는 삶을 살기 원하신다. 계명에 대해 묻는 바리새인들에 대해 예수님은 "네 마음을 다하고 목숨을 다하고 뜻을 다하고 힘을 다하여 주 너의 하나님을 사랑하라 하신 것이요 둘째는 이것이니 네 이웃을 네 자신과 같이 사랑하라 하신 것이라 이보다 더 큰 계명이 없느니라"(막 12:30-31)고 말씀하셨다.

핀트가 안 맞는다

하나님은 사람들의 기도에 응답하시는가? 물론 하나님은 기도에 응답하신다. 나의 작은 신음소리에도 응답하시는 하나님이라 하시지 않았는가?

그러나 사람들의 요구대로 들어 주시기도 하지만, 사람들의 요구대로 들어 주시지 않는 경우도 많다. 구체적인 기도에 대해 언제, 어떠한 방법으로 응답해 주실지 알 수 없다. 응답의 방향이나 방법은 무한 가지일 것이다. 사람들이 보기에는 자기 요구대로의 응답일 수도 있고, 아닐 수도 있다. 시간적으로는 자기가 생각하는 때에 이루어질 수도 있고, 먼 훗날에 다른 형태로 이루어질 수도 있다.

나는 이것을 받아들이느냐가 믿음의 중요한 자세라고 본다. 하나님이 사람들의 기도에 대응하시는 데 있어서는 그분의 생각이 있으실 것이다. 하나님 그분이 보시는 기준이 있다. 아이가 면도날을 달라고 떼쓰는 데 당장 손에 면도날을 쥐어 줄 부모가 어디에 있겠는가?

기도를 응답받으려면 먼저 우리 기도가 하나님의 뜻에 얼마나 부합하는지를 보아야 할 것이다. 사람들의 관심은 건강과 돈, 자녀가 잘되는 것인데, 하나님의 관심은 생명과 사랑, 진실과 거룩함이다. 양자 간에 갭이 생기는 것이다. 그야말로 핀트가 안 맞는 것이다.

그러니 사람도 답답하지만 하나님 측에서도 가슴이 아프실 것 같다. 사람들이 자기 관심사에만 초점을 맞추고 하나님의 관심사에는 마음을 두지 않는다면 어떻게 될 것인가? 오늘 많은 기독교인의 삶에 이런 점이 있다고 보인다. 그래서 기복적 신앙이라 하고, 믿지 않는 이들로부터 판단과 비난을 받고 있는 것 같다. 결국 믿는 이들의 삶이 따라 주지 못하니 이런 얘기를 듣게 되는 것이다. 이렇게 말하는 나도 크게 다르지 않을 것이다.

그러나 어찌 믿지 않는 이들이 우리를 판단하고 조롱하도록 내버려 둔단 말인가? 나는 하나님은 우리의 관심사를 해결해 주신다고 믿는다. 그리고 믿는 이들이 건강하게 살도록 하시고, 자녀가 잘되며, 경제적인 필요도 채워 주신다고 믿는다. 그런데 이런 기도가 더 빨리 더 많이 응답받으려면 하나님의 관심사를 이루는 데 자신을 드려야 할 것이라 본다. 하나님의 관심사가 자신의 관심사가 되도록 하면 하나님 쪽에서 먼저 이루어 주실 것이라고 생각한다.

변함없는 하나님의 뜻 - 먼저 그의 나라와 의를 구하라

사람들이 자신의 생각, 감정, 삶에 대한 태도를 바꾼다는 것은 쉽지 않다. 왜냐하면 누구나 자기만의 고집, 고정관념, 선입견이 있기 때문이다. 그리고 각 사람에게는 사물을 바라보는 시각과 관점이라는 것이 있다. 기독교인들도 세상을 바라보는 독특한 관점이 있다. 이것을 기독교적 세계관이라고 한다. 인간 존재의 죄성으로 인한 타락, 예수 그리스도만을 통한 구원, 천국과 지옥의 실재, 예수님의 재림과 세상 종말에 대한 믿음 이런 것들이다.

이러한 신조가 보수적인 기독교인들만이 가지는 것이라고 보는 사람도 있겠지만 나는 이런 것을 기독교인으로서 세상을 바라보는 근본적 관점이라고 본다. 이 시대를 향한 하나님의 뜻은 무엇인가? 진정 하나님은 이 시대를 살고 있는 하나님의 사람들에게 무엇을 요구하시는가? 그것은 먼저 그의 나라와 그의 의를 구하는 것이다. 그의 나라란 예수 그리스도를 통해 이루어지는 하나님 나라이다. 그리고 의란 예수 그리스도 그분 자신이시다. 그리하면 우리의 여러 가지 경제적 필요, 정신적 필요, 관계적 필요를 더해 주신다는 것이다. 우선순위가 있는 것이다. 건강과 돈, 자녀가 잘되기를 먼저 구하지 말고 그의 나라와 의를 먼저 구하라는 것이다. 그런데 많은 사람들은 이 순위가 바뀌어져 있다.

크리스천이 지향하는 곳은 하나님 나라이다. 그런데 하나님 나라는 우리가 가는 곳이기도 하지만, 이 땅에 사는 동안 동참해야 하는 곳이기도 하다. 아니 이 땅을 하나님의 나라로 생각하고 누리며 살아야 한다. 만드시는 주체는 하나님이시다. 그러나 하나님은 사람을 통해서 일하신다. 하나님의 주권을 강조할 때는 거기에 동참할 뿐이라고 보아야 한다.

하지만 인간을 통해 역사하시는 점을 강조할 때 인간의 의지와 행동을 통한 역사하심을 말하지 않을 수 없다. 세상이 하나님의 나라는 아니지만 크리스천은 이곳이 하나님 나라가 되도록 하는 노력은 계속해야 한다. 일시적인 종말의 도래는 우리 소관이 아니다. 하나님께서 하실 것이다. 다만 그때가 되기까지 우리 자신과 가정, 직장, 사회를 하나님 나라에 가까운 모습으로 만들어 가는 것을 포기해서는 안 될 것이다.

이런 하나님 나라를 누리려면 먼저 하나님을 믿어야 하나님의 역사하심을 체험할 수 있다. 성령님을 인정하고 환영하고 모셔야 성령의 역사를 체험할 수 있다. 신유에 대한 믿음이 있어야 자신이 신유를 체험할 수 있고, 타인을 치유하는 성령의 통로가 될 수 있다. 믿음이 있어야 기도도 할 수 있다. 그래야 자신의 기도내용에 대한 응답을 받을 수 있다. 하나님이 도우시는 손길을 체험할 수 있다. 믿음이 없다는 것은 이처럼 자신이 체험할 수 있는데도 그것을 얻지 못하게 만든다. 기도의 응답도, 도우심의 손길도, 축복, 신유, 성령체험, 영생, 천국 모두가 마찬가지이다. 믿음을 가진 만큼 이루어짐을 체험하게 될 것이다.

버블 경제 속에서 정직성 되찾기

"너희가 여호와께 드리는 모든 소제물에는 누룩을 넣지 말지니
너희가 누룩이나 꿀을 여호와께 화제로 드려 사르지 못할지니라"(레 2:11).

2008년 이후로 겪고 있는 글로벌 경제침체가 앞으로 어떻게 회복될지는 어느 누구도 정확한 전망을 하기 어렵다고 보인다. 현재 일부 회복을 보이면서 낙관적인 견해가 나오고 있지만, 또다시 W자 형태의 침체를 겪게 될지도 모른다는 의견도 적지 않다. 현재 지구촌의 경제는 그야말로 서로 맞물려서 함께 영향을 주고받는 동조화 현상을 보이고 있다.

버블 경제의 위기

한국의 경우도 지난 몇 년간 수백조 원에 이르는 시중 부동자금은 부동산과 주식, 단기 고수익 금융상품을 오가면서 버블을 확대시켜 왔다. 과잉유동성은 대기업의 수출대금, 외국인의 국내증시 투자자금, 금융기관의 해외 차입금, 정부의 토지보상자금 등 다양한 형태로 발생하였다.

이러한 과잉유동성은 2006년에 부동산, 2007년에 주식과 펀드로 몰려들었다. 그 결과 2006년에 수도권의 주택가격 상승률은 전년대비 20%, 전국 상승률은 10%를 상회하였다.[3] 특히 강남 아파트 투기가 극도에 달했던 2006년의 경우 상반기에 21%, 하반기에는 10.8%나 아파트 가격이 급등하였다.[4] 2007년에는 주식시장과 펀드 상품으로 유동성이 몰렸다. 그 결과 2007년 11월에는 주가지수를 2,100선까지 끌어올렸다. 버블이 본격 붕괴하기에 이른 2008년 10월에는 국내 주가지수가 900대선까지 곤두박질하였다. 그리고 전 국민이 열을 올려 투자하였던 펀드 계좌는 반 토막 나는 현실이 되고 말았다. 2008년 부동산 및 주가폭락으로 인해 부동산이나 금융자산을 가진 가계의 자산가치는 평균적으로 피크 타임 대비 30%가 넘는 수준으로 하락하였다. 주식시장은 2009년 9월 1,700선까지 회복되었으나 상승추세가 지속될지 여부는 불확실하다.

그리고 2009년에 2006년 말 고점 대비 20-40% 선까지 하락하였던 수도권 부동산 시장은 2009년 상반기를 맞아 10-20% 수준 정도 반등하였다. 그러나 아직도 20여만 호 수준으로 쌓여 있는 미분양 아파트 물량 및 지방권의 부동산 시장침체, 구매력 있는 유효수요 부족을 볼 때 앞으로 부동산 가격은 대세 하락기에 접어들었다고 보인다. 그렇지만 하락세가 어디까지 이어질지 현재로서는 미지수이다. 일부 부동산 전문가들은 지금 수준보다 10-20% 이상 더 떨어질 것으로 보는 사람들이 많은 실정이다.

금융자본주의의 실상

금융시장에 참여하는 사람들의 내면을 지배하는 두 가지는 끝없는 고

수익 추구로서의 탐욕과 미래 손실에 대한 두려움이라고 한다. 사람들은 미래 위험을 회피하고자 리스크를 타 경제주체에게로 이전하려고 하였다. 그래서 각종 첨단금융 기법을 통한 파생상품들을 만들어 냈다. 그렇지만 금융위기는 결국 시장 전체의 파산이라는 결과를 빚고 말았다.

2008년 서브프라임 사태로 발생한 금융위기는 자유방임적 자본주의의 부정적 단면을 잘 보여 주고 있다. 금융자본주의로 불리는 세계경제 질서는 금융자산의 급격한 증가를 가져왔다. 전 세계적으로 주식, 채권, 파생금융 상품 등의 금융자산 규모는 전 세계 GDP 대비 기준으로 1980년에 109% 수준이었다가, 1990년에 205%, 2005년에 317%에 이르는 등 그 규모가 급속하게 증가하였다.[5]

개인들의 금융행위도 저축 중심에서 투자로 변화되면서 전통적으로 은행 중심의 예금에서 주식, 채권, 펀드가입 등을 통한 직간접 투자행위로 바뀌었다. 이 과정에서 다양한 금융상품 간 갈아타기를 하면서 최고 수익률을 추구하는 재테크가 사람들의 공통적 관심사가 되어 왔다. 은행, 증권사, 보험사, 자산운용사 등의 금융기관도 선진금융 기법을 도입하며 다양한 금융상품 개발에 열을 올렸다. 간접투자로 위탁받은 자금들을 관리해야 하는 펀드 매니저로서는 단 0.1%라도 더 높은 수익을 얻기 위해 혈안이었다. 고위험 고수익(High Risk, High Return)이라는 기치 아래에 주식, 채권, 선물 분야에서 미래 불확실성을 감내하며 투자해 온 것이다. 투자자 개인으로서는 부동산, 증권, 현금 운용의 적절한 분할 보유, 즉 포트폴리오를 통해 수익률 하락 위험에 대처하려 하였다.

이처럼 머니게임(Money Game)적 금융경제가 제조, 유통, 서비스 분야의 실물경제와 별도로 확대성장하다 보니 금리, 주가, 외환, 주요 원자재 가격 등의 증폭은 경제 전반에 불확실성 증가와 함께 안정성을 위협하여 왔다. 특히 IT 기술과 유무선 인터넷의 발전은 세계 곳곳에서 발생하는 각종 사건과 정보들을 실시간으로 전 세계에 동시 전달하였다. 향후에도 글로벌 정보의 투명한 공개와 전 세계인들의 동시적 대응은 금융시장에서의 가격 널뛰기 현상을 빈번하게 할 것으로 보인다.

경제변수의 급등락

최근 몇 년 간 각종 경제변수들이 엄청나게 급등락하는 현상을 지켜보았다. 유가만 하더라도 2008년 상반기에는 140불대로 뛰더니 하반기에는 30불대로 떨어졌다. 주가도 2007년 하반기에는 2,100선까지 가더니, 1년이 지난 2008년 하반기에는 900선으로 떨어졌다. 시중금리도 2007년에는 7-8%를 가더니 경제위기 이후에는 지속적으로 낮아져 중앙은행 금리는 2%선을 유지하고 있고, 시중은행 금리도 4%대로 낮아졌다. 최근 출구전략이 논의되면서 금리인상이 이루어질 것으로 보이지만 그 폭은 크지 않을 것이라고 한다.

환율도 2007년에는 원/달러 기준으로 900선대에서 움직이더니 2008년에는 1,500선 이상까지 올랐다. 그러다가 오래 들어 지속적으로 낮아지더니 최근에는 1,100원대에서 가격이 형성되어 있다. 철근, 시멘트 등의 원자재 가격이나 옥수수 등의 곡물 가격도 대폭 올랐다가 떨어졌다. 철근의 경우 어떤 때는 물건이 없어서 파동이 날 정도로 난리를 치더니 이제는 재고가 쌓여서 어렵다고들 한다.

그야말로 가격변동이 널뛰기처럼 급등락하는 현상을 빚고 있다. 대부분의 가격변동이 이전에 비해 등락 폭도 커졌고 등락이 일어나는 기간도 짧아졌다. 기업하는 사람들은 제반 경제변수의 변동 사이클이 짧아지니 매일 매일 이쪽 동향에 정신을 빼앗기고 있다. 그리고 펀드 매니저나 외환딜러 마냥 하루하루를 초조하게 대처해야 하는 생활이 되고 말았다. 저환율을 예측하고 키코(Kiko)에 가입했던 수출기업들은 고환율을 당하자 엄청난 환차손을 당하고 말았다. 그러니 최근의 금융자본주의는 그야말로 돈 놓고 돈 먹기라는 표현이 맞다고 할 수 있다. 이제는 경제활동이 예측 불가능한 미래를 놓고 도박하는 식으로 배팅을 하는 행태가 빚어지는 것이다. 이런 식의 경제 움직임은 앞으로도 더했으면 더했지 나아질 것 같지 않다. 이렇다 보니 도대체 예측도 전망도 안 되는 것이다.

버블 붕괴

2008년에 발생한 글로벌 경제 파국의 직접적 원인은 부동산과 주식 등 자산시장에서의 버블 붕괴였다. 미국 등 선진국의 저금리 정책으로 과다하게 풀린 유동성이 부동산 버블을 형성하였고 결국은 이 버블이 붕괴되기에 이른 것이다.

금융위기의 전개과정을 보면 미국연방준비위원회(FRB)는 지난 2001년 IT분야 버블 붕괴에 따른 경기침체를 막고자 경기부양을 위한 저금리 정책을 실시하였다. 이후 지속적으로 추구해 온 저금리 정책은 모기지 대출을 쉽게 하였고, 특히 신용등급이 낮은 저소득층들에 대한 주택구입 자금 장기저리 대출이 급증하게 되어 이것이 결국 부동산 가격 버블을 형성하였다. 하지만 미국이 고질적으로 안고 있는 대규모의 무역적자와 재정적자에서 달러가치 하락과 고인플레 압력으로 금리가 상승하자 이는 주택가격 하락을 불러올 수밖에 없었다. 이어서 소득이 감소한 대출자들의 이자 및 원금상환 연체가 증가하자 모기지 채권을 가진 금융기관의 부실화가 발생하였다.

　이는 모기지 채권을 금융시장에서 유동화한 증권에 투자한 리먼 브라더스 등 미국 및 유럽의 투자은행들이 파산하는 사태로 이어지게 되었다. 결국 수조 달러에 이르는 사상 최대규모의 미국 정부 구제금융 조치를 불러오게 되었다. 문제는 이러한 자산가격 폭락이 전 세계적으로 맞물려서 공통적으로 발생하고 그 규모도 엄청나다는 점이다.[6]

　향후의 버블 전망에 대해서는 전문가들조차 답변을 내놓기 어려워한다. 부동산이나 증시의 미래 전망과 예측에 있어서는 전문가들 얘기 자체도 서로 다르고 상충되니, 비전문가인 일반인으로서야 누구 말을 들어야 할지 알 수 없다. 버블이란 정상적인 수준 이상으로 가격이 올라가 있는 상태를 말한다. 그러니 부동산이나 증권가격을 놓고 정상수준이 아니라는 판단을 하게 되면, 이는 시간이 지나면 가격이 내려간다는 전제가 깔려 있는 것이다.

　그러면 정상수준이란 어느 정도이며, 어느 정도만큼 부풀려져 있단 말인가? 그리고 언제, 얼마큼 꺼진다는 말인가? 수요와 공급의 법칙에 따르면 공급보다 수요가 많기 때문에 값이 올라가는 것이다. 수요를 발생시키는 데는 실제 필요해서 그런 부분도 있지만, 미래에 값이 올라갈 것 같기 때문에 미래의 가격차익을 얻기 위해 몰리는 경우도 많다. 즉 실제 필요하지도 않은데 심리적인 요인으로 남들이 좋다 하니까 그리고 그런 입소문을 만들어 내는데 현혹되어서 특정한 상품으로 몰리는 것이다.

　적정 수준의 수요 이상으로 사람들을 몰리게 만드는 데는 특정 정보의 동시적 확산이 만들어 내는 효과가 작용한다. 인터넷 등 정보전달 매체의 속도증가는 지식정보의 광범위한 전달과 동시적 확산을 만들어 냈다. 이는 단기간에 정보의 대중적 공유현상으로 이어졌다. 광화문 등지에서 이루어지는 각종 시위에 참여하자는 메시지 하나로 수만의 사람들이 몰려드는 현상이 정보통신 시대의 모습이다.

증권이나 부동산 등에서도 이런 현상이 나타났다. 이런 점은 일시에 수요와 공급이 몰리게 하는 이상 현상을 발생시킨다. 어디가 좋고 무엇이 좋다하면 입소문 효과는 금세 나타난다. 그만큼 정보전달의 시간적, 공간적 제약이 사라진 것이다. 정보전달에서의 동시적 파급확대 현상은 승자 싹쓸이 현상을 발생시키기도 하고, 경제변수의 급등락에 따른 피해를 확대시키는 요인으로 작용한다.

경제는 순환이자 사이클이라고 한다. 오를 때는 끝없이 오를 것 같지만 정점이 지나면 꺼지고 만다. 내려갈 때는 끝없이 내려갈 것 같지만 바닥이 지나면 다시 오른다. 문제는 사람들이 언제가 정점이고 바닥인지는 미리 알지 못하고 지나야만 알게 된다는 것이다. 증시에서는 모두가 죽겠다고 말하는 최악의 때가 바닥이라고 한다. 그리고 모두가 좋다고 희색이 만연할 때는 꼭지라고 말한다.

'당첨만 되면 로또'라는 인기지역 아파트 분양에 사람들이 끝도 없이 몰리는 신청 대란이 일어난다. 온라인 신청이 아닌 분양은 아예 분양 신청하는 날 하루 전에 와서 길에서 자면서까지 먼저 신청하려고 난리를 부렸다. 그런데, 그 아파트가 입주할 즈음에는 분양가 아래로 값이 떨어진다고도 하고, 계약자들은 살던 집이 안 팔리니까 입주자체를 못하고 비어 있다고 한다. 사람들은 대중심리에 지배되어 여기저기 우르르 몰려다닌다. 그러나 버블은 꺼지기 마련이다.

버블의 심리적 기저 – '빨리빨리'와 '부풀리기'

경제현상이란 소비자이든 공급자이든 사람들의 생각과 의사결정 그리고 행동의 결과로 나타나는 것이다. 결국 경제현상도 사람들의 가치, 철학, 행동문화와 연결되는 것이다. 경제적 버블 현상도 이를 발생시키는 사람들의 가치와 생각, 행동양태로 연결된다고 할 것이다.

한국 사람들 기질 가운데 '빨리빨리' 기질이라는 것이 있다. 외국에서 단체 여행을 하는 아시아권 관광객 중에서 한국인 그룹을 구분하는 비결은 '빨리빨리'라는 말을 하느냐를 보면 된다고 한다. 한국이 전 세계적으로 인터넷 선진국가가 된 것도 인터넷의 초고속 특성이 한국인 기질에 맞는다는 것이다. 한국경제가 몇십 년 만에 이만큼 성장한 것도 이런 기질 덕택이라고 할 수 있다. 그런데 이러한 기질은 무엇을 시작했을 때 열을 받으면 매우 잘 나가는 모습으로 나타난다. 또한 얼마 안 가 열이 식어 버리면 흐지부지 되어 버리는 현상으로도 이어진다. 이런 현상을 냄비현상이라고 한다.

증시도 냄비증시라고 해서 확 달았다가 금방 식어 버린다. 대통령도 재임 초기에는 인기가 있다가 말년에 가면 형편없이 인기가 떨어지고 만다. 한참 칭찬하고 잘한다고 했다가 얼마 안 가서 평가가 형편없어지는 것을 보게 된다. 남이 하는 사업 중에도 뭐가 잘된다고 하면 확 그쪽으로 몰린다. 잘된다고 하면 밀물같이 몰려들었다가 안 된다고 하면 썰물같이 빠져나간다. 그래서 서로 베껴 버리니 개발자가 목숨 걸고 개발하려 하질 않는다고 한다. 한때는 열 받아서 정신없이 하다가도 열이 식으면 싸늘해져 버린다. 한국 여자들이 세계적인 스포츠 선수로 뜨니까 부모들은 아이들에게 골프나 피겨를 시키겠다고 난리이다. 벤처사업도 잘 될 때는 한국경제를 살리는 신기루처럼 얘기하다가 관련된 비리가 연속적으로 터지니까 바닥을 기고 말았다.

이러한 냄비현상은 과정을 평가해 주기보다는 결과만 가지고 평가하는 것으로 이어지기도 한다. 그러니 모든 것이 "잘되면 충신이고 못되면 역적이다."라는 식으로 흐를 수 있다. 지긋한 게 약해지는 것이다. 장기간의 투자와 인내, 노력을 요하는 분야는 잘 발전하지 못하는 것이다. 연구분야나 기초과학, 학문분야가 그렇다고 할 것이다. 유행에는 강한데 유행을 타지 않고 해야 하는 것들은 잘 안 되는 것이다.

'빨리빨리'와 함께 우리들 일상 삶에도 '부풀리기' 습성이 관행화되어 있는 것 같다. 한 예로서 우리 사회에는 높은 자리로 올라갈수록 신분유지라는 게 강조된다. 고급 집기가 갖추어진 넓은 사무실에다 전용비서, 기사가 딸린 고급 승용차 이런 것들이 권력과 부, 명예의 상징이다. 문제는 경제적으로 그런 대우를 받을 만한 조직의 장(長)이라면 이해할 만하다. 그런데 그런 형편이 안 되는 데도 이런 것들에 민감한 사람들이 있다. 실속은 없으면서 외부에 드러나는 것은 멋지게 하려고 한다. 아직도 필요성에서 공감이 안 되는 데도 수행 비서를 데리고 해외출장 다니는 분들이 있다. 폼 잡는 행태는 아닌지 묻고 싶다.

사람을 겉으로 보지 말라고 했는데 외관으로 사람을 판단하고 평가하는 데 익숙해 있다. 일류 호텔에 출입할 때 고급 승용차를 타고 들어가면 현관에서 문도 열어 주고 사람을 맞이하는데 중소형 승용차를 타고 들어가면 그렇지 않다. 그러니 사람들은 외부로 드러나는 모습에 신경을 쓴다. 외모지상주의로 성형과 옷차림에 매달리고 많은 돈을 쓴다. 그게 너무 지나치니 결혼식이고 장례식이고 어느 수준 이상 해야만 한다고 한다. 허리가 휘어도 그렇게 해야만 한다고 하니 그게 허례가 아닌가 싶다.

자기 홍보용으로 가지고 다닌다는 명함을 보면 직함 타이틀이 십여 개가 넘는 사람들이 있다. 종교인이라고 하는 사람들 중에도 이런 분들이 많다. 졸부들은 그렇다 치고 대학에서도 명예를 추구한다는 사람들의 행태도 크게 다르지 않은 것 같아 씁쓸할 때가 있었다. 일전에 어느 지방대학 졸업식에 갔더니 총장이 들어오고 나갈 때 외빈이나 학부형들 보고 "전부 일어서 달라."는 안내를 몇 번이고 되풀이하였다. 속으로 심히 불쾌했었다. 어느 나라건 또 어느 국민이건 이런 욕구는 인간이 가지는 근본 욕망일 수 있다. 나라에 따라 다른 것은 아닐 것이다. 그러나 이런 것들이 좀 줄어드는 것이 선진국이 된다는 것이 아닐까도 싶다.

크리스천 경영자의 윤리경영 수준?

이러한 점들은 비기독교인이나 기독교인이나 별 차이가 없는 것 같다. 많은 크리스천 기업인들도 비윤리적 경영행태를 보이고 있다. 기업을 하다 보면 거짓말을 해야 할 때나 부정직한 업무처리를 하는 경우가 발생한다. 이런 상황에서 크리스천의 핵심가치로서 정직을 저버리는 경우가 생긴다.

이는 혼자서는 어쩔 수 없는 세상의 도도한 흐름이거나 사회적 관행일 경우가 많다. 대표적인 사례가 정직하지 못한 세금처리이다. 영수증 처리가 되지 않는 경비처리, 부가세 세금계산서를 상대로부터 발급받지 못하는 경우를 들 수 있다. 법인세나 개인소득세 신고 시 공식 경비처리가 되지 못하는 부분, 접대비 한도규제로 인해 접대비 영수처리가 안 되는 부분 등은 중소기업이나 자영업을 영위하는 경영자들이 수없이 부딪히는 문제라고 할 수 있다. 정직한 외형신고를 하다 보면 과거의 신고누락 문제까지도 발생할 수 있다.

한국에서는 중소기업이 성장하려면 대기업과 관계를 잘 맺어야 한다고 한다. 60% 이상의 중소기업이 대기업과의 1, 2차 벤더 관계를 형성하고 있는 현실이다. 고객이 요구할 경우 술 접대를 해야 한다든지, 주일에 골프를 치자고 한다거나, 이해관계자들과의 관계구축을 위한 회비, 기부금의 비용처리 문제도 따른다. 특정한 공로를 세운 직원에게 성과성 인센티브를 제공할 때 급여로 처리하기 어려운 경우도 있다. 나아가 영업 필요상 상대고객이 반대급부를 요구할 때 적절한 리베이트를 제공하지 않으면 거래가 성사되지 못하고 경쟁사에 뺏기는 경우도 발생한다.

고객이 이런 것들을 요구할 경우 명절 등에 선물을 하거나, 경조사 발생 시 상당액의 경조비 지급을 비자금 방식으로 처리하기도 한다. 물론 크리스천 기업인 중에는 이러한 비용을 자기 지갑에서 지출 처리하고 꼭 필요한 최소한의 경우로만 통제하려는 경우도 많다. 나아가 경영자 자신이 이러한 것들과 적극적으로 거리를 두려는 사람도 많다. 그러나 이러한 비윤리적 요구들에 어디까지 따를 것인가는 크리스천 경영자들이 겪는 공통적인 고민이라고 할 수 있다.

우리는 한국의 경제규모가 세계 12위이며, 반도체와 조선은 세계 1위라고 하면서 우리 스스로가 자부심을 가지려 한다. 자부심을 갖는 것은 좋은 일이다. 그러나 우리 한국인의 도덕성 수준은 어느 정도일까? 어느 조사에 따르면 세계 100여 개 나라 중에서 39위라고 한다. 세계적 경영연구소에서 발표하는 우리나라의 공무원 부패지수는 아직도 부끄러운 수준이다.

우리 보통 사람들의 생활양태는 정직하지 않게 살아가는 데 익숙해져 있는 것 같다. 자기이익과 필요 때문이라면 서슴없이 거짓말을 한다. 사실이라는 것은 관련되는 당사자 간 이해관계가 어긋날 지라도 서로 간에 다를 수 없다. 주관적인 해석이나 판단의 차원이 아닌 것이다. 그런데 우리는 보통 사실과 의견을 잘 구분하지 못하는 것 같다. 그래서 무슨 사건이 터질 때

관계자들끼리 얘기하는 것을 보면 서로 얘기가 다르다. 왜 그럴까? 왜 이렇게 사실을 사실대로 정직하게 인정하고 시인하는 문화가 자리 잡지 못했을까 하는 의문이 든다.

물론 나도 일상생활하면서 거짓말을 하지 않고 산다고 자신 있게 말하기 어렵다. 교회에서 설교할 경우 어떤 얘기를 과장해서 말할 때도 있다. 설교의 효과를 위해 이렇게 하는 경우가 있지만 그 이후 내 마음은 찝찝해지고 불편해진다. 그래서 반성을 한다. 목사로서 지켜야 할 가장 기초적인 양심선이 거짓말하지 않는 것이라고 믿기 때문이다. 그리고 윤리교육의 기초는 거짓말하지 않는 것과 정직하게 말하는 것이라고 생각한다.

이러한 기본이 되지 않는 이유가 무엇일까? 아마도 우리 민족은 역사적으로 살아남기 위해 거짓말하지 않으면 안 될 상황 속에서 살아왔기 때문인지도 모른다. 목에 칼이 들어오기 때문에 살기 위해서는 사실을 사실대로 말할 수 없는 역사적 경험들을 겪었기 때문인지 모른다.

한국교회와 목회자의 정직성에 대한 최근 설문조사는 이런 말하는 목사 자신을 먼저 돌아보게 만든다. 《목회와 신학》이 2008년에 전국의 개신교인 500명을 대상으로 실시한 설문조사 결과에 따르면 "한국교회가 얼마나 정직하다고 생각하십니까?"라는 질문에 대해 "매우 그렇다"에는 18%, "약간 그렇다"에는 45.6%, "별로 그렇지 않다"에는 23.8%, "전혀 그렇지 않다"에는 4.4%가 응답하였다. 목회자의 정직성에 대한 질문에는 "매우 그렇다"가 17.7%, "약간 그렇다"가 41.9%, "별로 그렇지 않다"가 29.2%, "전혀 그렇지 않다"가 2.7%로 나왔다.

반면 "자신이 출석하는 교회의 목회자는 신앙과 행동이 일치한다고 생각하느냐"에 대해서는 "매우 그렇다"가 71.8%, "약간 그렇다"가 20.2%로 나와 자신의 교회 목회자에 대한 정직성 신뢰수준은 한국교회 일반 목회자에 대한 그것보다는 훨씬 높게 나타났다.[7] 자신의 교회목사는 신뢰하지만 한국교회 일반적인 목사는 신뢰하기 어렵다는 얘기인데 모순적인 면도 없지 않다고 할 것이다. 이는 아마 자신의 담당목사는 끝까지 믿고 싶다는 바람의 표현일지도 모른다.

정직함과 거룩함

이 시대에 하나님이 우리에게 원하시는 것은 정직함과 거룩함이다. 거짓말이 팽배한 이 세상에서 하나님은 우리가 정직하기를 원하신다. 하나님은 당신의 자녀들이 거짓말하고 거짓된 행위를 하는 것을 원하지 않으신다. "하나님의 뜻은 이것이니 너희의 거룩함이라"(살전 4:3전)고 말씀하신 것처럼 하나님은 우리가 거룩한 삶을 살기 원하신다. 거룩함이란 이기심, 탐욕, 시기, 질투, 음욕, 분노, 미움에서 떠나 있는 것을 말한다. 이것이 각자의 삶에서 구체적으로 어떻게 나타나야 할지는 각자가 처한 형편이나 상황에 따라 다를 것이다. 다만 일반적인 기준에 대해서는 편벽됨과 거짓 없이 받아들여야 한다. 이것을 부정하고 자기 편의대로 해석하려 하면 하나님의 뜻을 왜곡하는 것이다.

자신의 현재 모습이 하나님이 원하시는 삶의 모습에 얼마나 부합하는지는 자신을 정직하게 돌아봐야 한다. 그럴 때 하나님 앞에 자신의 부족함과 연약함을 고백하지 않을 사람이 누가 있단 말인가? 하나님 앞에서는 모든 것이 다 드러나게 되어 있다. 사람은 속일 수 있다. 그러나 신앙인이라면 왜 하나님 앞에 가서 먼저 회개할 수밖에 없는가? 세상에서 살아가는 우리의 모습이 너무 빤하기 때문이다. 하나님은 이 모든 것을 다 아신다. 그렇지만 하나님은 용서하신다. 그러나 끝없이 용서해도 한없이 계속 거짓말이 되풀이 되면 하나님은 우리를 바로 잡기 위해서 손을 드신다. 질책하시는 것이다. 그 질책이 어떤 형태로 나타날지는 모른다. 성경에 나오는 수많은 전쟁과 기아, 자연재해가 있다. 아니 우리에게 이미 이러한 것들이 임했는지 모른다.

구약의 율법서를 보면 하나님은 절기 때 먹는 음식에는 누룩을 넣어 부풀린 유교병을 먹지 못하도록 말씀하셨다. 즉, 누룩을 넣지 않는 무교병 즉 부풀리지 않은 빵을 먹도록 하셨다. 이처럼 하나님은 당신의 백성들이 음식에서도 부풀리는 것을 싫어하셨다. 이는 무엇을 말하는가? 음식뿐 아니라 일상의 삶에서 있는 그대로를 드러내지 않고 부풀려 꾸미거나 실제 이상으로 장식하는 것을 싫어하신다는 의미로 볼 수 있다. 출애굽기에는 "이레 동안에는 무교병을 먹고 유교병을 네게 보이지 아니하게 하며 네 땅에서 누룩을 네게 보이지 아니하게 하라"(출 13:7)처럼 절기 때 유교병을 금하는 말씀이 여러 군데 나온다.

어떻게 하면 부풀리지 않고 거짓말하지 않고 사는 정직한 사회가 되도록 할 수 있을까? 우리 아이들에게 정직의 교육을 제대로 시킬 수 있을까? 우리 기성세대가 정직한 행동을 보여 주지 못하기 때문에 아무리 말로 한다 해도 아이들은 정직의 가치를 배우지 못한다. 그들의 부모나 선생님들이 살아가는 모습대로 배우고 행동한다. 말은 그렇게 해도 자신의 행동은 그렇지 않은데 그런 사람들이 무슨 교육적 영향력을 발휘할 수 있단 말인가? 정직하지 않은 정도로 친다면 가장 정도가 낮은 정치인들의 세계는 두말할 나위가 없다. 그러니 정치인들을 믿지 않는다. 그들이 무슨 말을 한다 해도 그대로 믿지 않는다. 그리고는 그 말 뒤에 숨은 뜻과 배경을 찾아 다르게 해석하고 이해하려고 한다.

액면 그대로의 말이 통하지 않는 사회, 숨은 뜻을 찾아 읽으려는 사회, 그대로 믿어 주지 않는 사회, 이게 오늘날 우리의 문제가 아닌가 싶다. 어쨌든 남 얘기 할 것 없다. 나만이라도 가능한 거짓말하지 않고 정직하게 말하고 행동하고 싶다.

4

글로벌 시대에 중보 기도자로 서기

"다니엘아 마지막 때까지 이 말을 간수하고 이 글을 봉함하라
많은 사람이 빨리 왕래하며 지식이 더하리라"(단 12:4).

우리는 다국적 다문화 시대를 살고 있다. 본인이 섬기고 있는 중앙성결
교회에서는 영어권, 중국어권, 몽골권 예배를 운영하고 있다. 미국인 목사
가 영어예배를, 몽골인 목사가 몽골예배를 담당하고 있다. 또 조선족 전도
사가 한국어, 중국어 병용으로 중국인 예배를 진행하고 있다.

'외국어예배위원회'가 주관하였던 주일 오후예배에서는 미국목사의
설교와 한국목사의 통역, 몽골목사의 기도와 중국인 전도사의 성경봉독으
로 구성하였나. 그리고 한국인, 미국인, 중국인, 몽골인이 함께 어울려 특
별찬양을 하는 시간을 가졌다.

이러한 모습은 글로벌 시대를 살아가는 한국교회의 모습이다. 이처럼
다양한 국적의 외국인을 대상으로 하는 예배의 확대는 웬만한 중견 이상의
교회에서는 보편적 현상이 되어 가고 있다.

급격한 글로벌화의 명암

글로벌화의 급속한 진전은 기독교뿐만 아니라 경제, 교육, 관광, 의료, 금융, 투자의 모든 분야에서 국경이 무너지는 지구촌 시대를 열었다. 금융동조화현상으로 뉴욕 증시의 움직임은 바로 도쿄, 상해, 홍콩, 싱가폴, 서울 증시를 강타한다.

영어는 이제 필수이며 중국어 능력도 이와 못지않게 중요해지고 있다. 미국 내 외국인 유학생 수를 보면 한국이 10만3천 명으로 2위의 인도 8만8천 명, 3위의 중국 7만2천 명, 4위의 일본 4만1천 명을 앞지르고 있다.[8] 한국에서 유학하고 있는 중국 유학생만 4만여 명에 이르고 있다. 국가 간 경계는 점차 희미해지고 있으며, 이러한 현상은 향후에도 심화될 것으로 보인다. 한국 내 외국인근로자 100만 시대를 맞으면서 안산이나 가리봉동, 동대문 지역에는 다양한 민족의 식료품점, 음식점이 생겨나고 있다.

오늘의 글로벌화된 정치경제 환경에서 『렉서스와 올리브 나무』를 집필한 토머스 프리드먼(Thomas Lauren Friedman)은 세계화의 부정적 측면보다 긍정적 측면을 더 강조한다. 반면에 글로벌화를 앞장세운 선진국의 신자유주의가 저개발국 경제를 더 어렵게 하였고, 오늘날의 경제위기를 전 세계적 차원으로 파급시켰다고 부정적으로 보는 목소리도 만만치 않다.

어떤 입장이 더 설득력 있든 개방경제, 무역 자유화, 자본 자유화, 글로벌 무한시장 경쟁이 오늘의 중국과 인도 등 신흥 성장국을 만들어 낸 것도 부인할 수 없다. 미국의 제조업이 경쟁력을 잃으면서도 풍요로운 소비를 누릴 수 있었던 점, 선진국 시장에 저물가가 가능했던 점은 중국 등에서의 값싼 상품공급이 있었기 때문이다. 한국의 경우도 도시민들이 싼 값에 농수산물을 공급받을 수 있었던 것도 중국산의 지속적 공급이 있었기 때문이다.

등소평의 개혁개방 이후 30여 년간 중국은 전 세계의 제조공장으로서 자리 잡았다. 우리나라도 국제교역에서 대 중국무역의 비중이 미국을 넘어선 지 오래이다. 그러나 무역과 투자, 소비성장을 통해 전 세계경제 성장을 가능하게 하였지만, 세계의 블랙홀로서 전 세계의 자원을 빨아들여 원자재 가격 급등을 불러일으키기도 하였다.

인도의 경우도 미국의 대 국민 서비스 시장이 값싸게 유지될 수 있는 기반을 만들어 주었다. 《포춘》(Fortune) 500대 기업의 절반 이상이 소프트웨어 업무를 인도에서 아웃소싱하고 있다. GE의 소프트웨어 중 48%는 인도에서 개발되고 있으며 GE는 인도에서 2만여 명을 고용하고 있다.[9] 이외에도 미국 내의 콜 센터 및 회계, 세무처리 서비스의 상당부분을 인도인들이 수행하고 있다.

BRICs(브라질, 러시아, 인도, 중국)에 이어 VISTA(베트남, 인도네시아, 남아공화국, 터키, 아르헨티나)에도 소비력 있는 중산층이 폭넓게 형성되고 있다. 이 나라들은 공통적으로 인구규모가 크고, 보유자원 및 시장규모에서 새로운 주요국가로 부상하고 있다. 이들 국가의 중산층은 전 세계의 이머징 마켓으로서 세계경제의 새로운 소비계층으로 부각되고 있다.

대외 확산과 대내 지향

국내 경제문제를 풀어 가는 방향에 있어서 국내적 차원에서만 문제와 원인, 대안을 제시하려는 접근이 있다. 나아가 한국경제의 지나친 대외의존을 우려하고 내부 지향적인 경제를 주장하는 경우를 보기도 한다. 그러나 글로벌화된 세계경제 여건에서 우리 경제의 문제를 글로벌 관점에서 이해하지 않고 국내 차원에서의 변수나 정책으로만 접근하려는 것은 바람직하지 않다고 보인다.

우리나라는 국민 총생산에서 수출입이 차지하는 비율이 70%를 넘는 대외 지향적인 경제구조를 가지고 있다. 이 점은 어쩔 수 없는 현실이다. 수출이 풀리지 않으면 내수나 모든 경제활동에 마비가 오게 되어 있다. 미국, 중국, 일본, 유럽시장이 살아나야만 우리 경제도 마이너스 성장을 피할 수 있고, 내수도 동반성장이 가능하다. 자동차, 핸드폰, 반도체, 가전, 철강, 화학 관련 수출의 견고한 증가세는 한국경제를 지탱해 주는 견고한 버팀목이다. 일본의 기술경쟁력과 중국의 가격 경쟁력 사이에서 기업경쟁력 제고는 국가적 과제가 될 수밖에 없다.

그러나 한국경제가 지나친 대외의존으로 대외 경제변수가 요동칠 때마다 국내 경제 안정성이 심각한 위협을 겪고 있는 것도 사실이다. 그래서 수출보다 내수 비중을 높이고 대내적 내수시장 성장을 지향해야 한다는 논리도 상당한 지지를 받고 있다. 특히 작금의 금융위기 이후 엄청난 원화하락 환율효과가 있었는데 그러한 이득을 본 것은 대부분이 수출 대기업이었다. 반면 원화가치하락(원화상승)으로 인해 수입물가가 올라 유가 및 생활용품 가격상승은 일반 국민과 서민들의 생활고를 가중시키는 결과를 불러왔다. 그리고 수출기업들의 수출이 늘수록 내수성장에 기여하는 정도는 과거만큼 높지 않다는 점도 계속 지적되고 있다.

과거에는 수출이 늘면 그 효과가 국내의 다른 중소기업, 자영업자에게도 미치는 파급효과가 컸는데, 이제 수출부분과 내수부분의 연계효과가 낮아지는 것이다. 즉, 수출을 함으로써 오는 경제적 파급효과가 국내로 되돌아오는 부분이 크지 않은 것이다. 이는 수출 대기업들이 구매, 생산, 물류, 유통에 이르는 가치사슬 구조에서 국내 중소기업들과 연계를 맺기보다는 해외에서 아웃소싱을 하는 비중이 높아졌기 때문이다. 따라서 수출이 늘어도 이들 대기업의 고용규모나 국내의 여타 중소기업으로부터 구매하는 규모는 크게 늘지 않는다.

이는 공장 자동화 등으로 대부분의 투입요소가 노동보다는 자본과 장비로 대체되었기 때문이기도 하다. 자동차, 전자분야의 유명 대기업들은 해외직접투자로 나가 현지생산을 추구하고 있다. 그리고 관련되는 필수 중소기업들도 해외로 동반하여 나가고 있다. 그러니 이러한 대기업의 성장이 국내의 중소기업성장과 연계되는 상호성장효과는 늘어나지 않는 것이다.

다국적 다문화 시대의 기독교와 민족주의

그간 한국경제가 수출과 대외개방을 통해서 이만큼이나 성장하게 된데는 한국을 통하여 세계복음화를 이루시려는 하나님의 뜻이 있다고 믿는다. 진정한 기독교는 민족주의와는 거리가 멀다고 생각한다. 물론 기독교에는 약자로서 당하는 입장에서 피지배 민족이나 억울한 민족의 입장을 대변하고 강자로서의 제국주의적 국가들에 대항하는 논리가 있다.

그러나 기독교의 사랑과 봉사는 어느 민족만의 지배적 권한, 자기 민족만을 생각하는 사고와는 거리가 멀다. 마태복음에 나오는 위임명령 "그러므로 너희는 가서 모든 민족을 제자로 삼아 아버지와 아들과 성령의 이름으로 세례를 베풀고"(마 28:19)에서 모든 민족이란 전 세계에 있는 민족을 말하기 때문이다. 창세기 12장 3절 후반부에서는 "땅의 모든 족속이 너로 말미암아 복을 얻을 것이라 하신지라"는 말씀이 나온다. 이 본문은 하나님이 아브라함에게 하신 말씀이지만 이 말씀을 유대인이 아닌 믿음을 가진 한국인으로 적용시켜 볼 때 한국인으로 말미암아 전 세계의 다른 민족이 복을 받게 된다는 말씀인 것이다. 일방적인 해석이라 할 수도 있겠지만 기독교의 정신은 타인이 나로 말미암아 복을 얻게 하는 것이다. 여기에서의 복은 영적인 복뿐 아니라 물질적인 복도 포함될 수 있다.

이런 점에서 세계화로 인해 중국이나 인도, 신흥개도국들의 경우도 내부에 양극화의 문제가 있겠지만 그들 경제가 전반적으로 나아졌다면 그건 바람직한 현상이라고 할 것이다. 특히 글로벌 시대에는 자기 민족끼리만 잘 살려고 하지 말고 세계의 다른 민족들과 함께 잘 살아야 하며, 가난한 그들을 도와야 하는 것이다.

이미 한국은 미국에 이어 전 세계적으로 두 번째로 많은 선교사를 보내고 있다. 그리고 미국의 선교 전문가들조차도 앞으로의 세계선교는 한국교회 손에 달려 있다고 말한다. 한국경제가 한국 내에서만 머무르지 않고 세계로 뻗어 나가고 타 국가에 영향을 미치는 데는 세계선교의 사명이 주어져 있기 때문이라고 믿는다. 선교하는 국가가 되기 위해서는 경제적으로도 어느 정도 잘 살아야 한다. 그래야만 경제적으로도 어려운 제3세계 국가들을 도울 수 있기 때문이다. 그래서 한국이 선교국가로서 역할을 하는 한 하나님은 한국경제가 침몰하지 않도록 붙드신다고 믿는다.

이 시대 한국기업들은 전 세계에 가서 고용을 창출하고 그 나라의 경제성장에도 도움을 주고 있다. 최근 원전수출을 한 중동국가로 한국의 원자력 발전소가 나가고 있다. 반면에 한국에도 수많은 외국기업들이 들어와서 기업활동을 하고 있다. 심지어 이슬람권 모슬렘도 한국에 적극적인 진출을 하고 있다. 이로써 한국 내에서도 외국인들을 대상으로 선교사 역할을 할 수 있는 시대에 살고 있다. 굳이 그들 나라로 가서 선교하는 선교사가 아

니라 한국에 온 외국인들을 향한 국내 선교사가 되는 것이다. 그리고 중동
과 아프리카. 공산권 국가에 목사는 갈 수 없을지라도 비즈니스 선교사, 전
문인 선교사가 적극적으로 진출할 수 있는 시대를 살고 있다.

국내 선교사로서 중보 기도자 마음

글로벌 시대는 선교의 장이 확대되는 시대이다. 성공적인 선교를 위
해서는 중보기도가 필수적이다. 이전에 몇몇 분들과 중보기도 모임을 가
진 적이 있다. 매주 1회씩 모여서 특정한 국가를 놓고 그 나라를 향한 하
나님의 마음을 품고 그 나라 사람들을 위해 기도하였다. 그 모임의 이름은
PPM(Professional Prayer Movement)이었다. 모임 구성원의 대부분
이 여성주부들로서, 그들은 각기 지역교회에서 자기 교회와 목회자들을 위
해 기도하는 사람들이었다. 그 기도모임은 3년여 정도 지속되었다. 그러나
몇 가지 이유로 그 모임은 지속되지 못했지만, 그 당시의 기도사역은 나에게
좋은 훈련 경험이 되었다.

기도는 시대와 역사의 주관자가 하나님이심을 고백하는 행위이다. 하
나님은 특정 개인만의 히나님이 아니라 공동체와 국가를 움직이시고 역사
를 주관하시는 우주적인 분이시다. 하나님은 나뿐 아니라 너의 하나님, 그
의 하나님, 우리의 하나님이시다. 그분은 우리나라의 하나님만이 아니고 미
국과 중국, 선진국뿐만 아니라 아프리카의 가난한 나라, 글로벌한 하나님이
시다. 기독교뿐 아니라 불교, 이슬람의 하나님이시기도 하다. 나만 사랑하
시는 것이 아니라 우리 모두를 사랑하시는 분이다.

어찌 나만이 하나님의 자녀이고 나만을 돌보아 달라고 말할 수 있겠

는가? 그래서 우리는 우리 모두의 문제를 하나님 앞에 내려놓는 것이다. 이 시대와 역사의 고통까지도 그분이 보고 계시다고 고백하는 것이다. 우리사회가 겪고 있는 여러 가지 문제를 허용하시고 그 문제의 해결까지 도우시는 분이심을 믿는 것이다.

기도한다는 것은 쉬운 일이 아니다. 그리고 기도한다는 것은 믿음 없이는 힘들다. 기도야말로 가장 강력한 행동이다. 기도한다는 것은 강력한 에너지를 흘려보내는 것이다. 사람들의 마음속에 사람들의 생각 속에 흘려보내는 것이다. 기도는 겸손한 자만이 할 수 있다. 기도는 내 능력으로는 어찌할 수 없다는 것을 나타내는 것이다. 그래서 부족하고 연약한 내 자신을 인정하고 진실하게 드러내는 것이다.

기도는 믿음의 행위이다. 기도는 인간의 노력으로는 안 된다는 것을 시인하면서 하나님의 뜻대로 이루어지게 해 달라는 시인이다. 내 뜻을 가지고 그분 앞에 들이대면서 이렇게 저렇게 해 달라고 때 쓰는 것이 아니다. 내가 하나님의 뜻이 이 땅에 이루어지는 데 쓰임 받는 작은 그릇이 되게 해 달라는 간구이다. 그래서 기도는 정직해야 하고 솔직할 수밖에 없다.

하나님은 우리의 모든 것을 보시고 아시는 분이다. 우리의 밖에 드러나는 외면의 행동뿐 아니라 우리 내면의 생각, 감정, 마음속을 모두 다 읽으시고 꿰뚫어 보시는 분이다. 어찌 하나님 앞에서 자신의 모습을 숨기고 감출 수 있을 것이며, 자신을 위장할 수 있겠는가? 그냥 정직하게 하나님 앞에 나아가 "하나님! 제가 이래요, 제가 이렇게 형편없어요!!"라고 내려놓는 행위일 뿐인 것이다.

기도를 하려면 올바른 기도를 해야 한다. 올바른 기도란 하나님의 마음을 가지고 상대를 바라보며 하는 기도이다. 먼저 기도자 자신이 하나님의 마음을 가져야 한다. 하나님의 마음은 무엇인가? 자녀를 향한 부모의 마음과 같은 것이다. 그것은 긍휼이다. 불쌍히 여기는 마음이다.

그리고 하나님의 뜻에 맞게 기도해야 한다. 하나님의 뜻은 무엇인가? 성경에서 근본적으로 말하는 하나님의 뜻은 생명과 사랑이다. 생명이란 예수 그리스도 안에 있는 영원한 생명이다. 이 세상에서도 생명을 누릴 수 있고, 우리 몸이 이 지구를 떠난 뒤에도 영원한 생명을 누리는 것이다. 이를 얻는 것이 바로 예수 그리스도를 마음으로 받아들이는 것이다. 내 인격 속에 거하도록 하시는 것이다. 내 생각 속에 내 감정 속에 내 마음 속에 그분이 자리 잡도록 하는 것이다.

사랑이란 내 이웃을 내 몸과 같이 사랑하는 것이다. 사랑이란 영혼육의 총체적인 돌봄이자 나눔이며, 섬김이다. 이웃이 배가 고파 주릴 때에는 그들에게 빵을 나누어 주는 것이다. 이웃이 거짓에 묶여 있을 때에는 그것을 풀어 주는 것이다. 상대방 입장에 서서 배려해 주고 이해해 주는 것이다. 사랑에는 미움이나 분노, 증오가 있을 수 없다. 분노 때문에, 미움 때문에 폭력을 행사하는 것 이것은 사랑이 아니다. 우리가 하나님의 마음으로 사랑을 가지고 이 시대의 사람들을 놓고 기도할 때 하나님께서 이루어 주시리라는 믿음 그것 때문에 기도하는 것이다.

5

시장성과 공공성의 균형 찾기

"오직 강하고 극히 담대하여 나의 종 모세가 네게 명령한 그 율법을 다 지켜 행하고
우로나 좌로나 치우치지 말라
그리하면 어디로 가든지 형통하리니"(수 1:7).

　그간 선진국 경제정책에서 주류의 흐름을 차지하였던 신자유주의 정책은 큰 방향 선회가 일어나고 있다. 신자유주의는 경쟁과 효율을 강조하였다. 시장만능주의라고 불릴 정도로 기업활동에서의 정부개입 자제, 각종 정부규제 완화, 작은 정부 지향, 감세정책 등으로 나타났다. 정부가 개입하면 할수록 정부실패가 더 크기 때문에 시장에 맡기라는 논리였다. 그런 신자유주의 논리는 미국의 부시 행정부 시절에 전 세계를 풍미하였다.

　그런데 그 결과는 어떠한가? 2008년에 미국발 금융위기가 나타났다. 그리고 전 세계를 위기와 침체로 몰아넣었다. 신자유주의적 경제정책은 친기업적 지원을 통한 투자와 고용창출을 내세우지만 실제로 고용개선이나 일자리 창출에 얼마나 효과를 보았는지는 의문이다. 오히려 사회적 양극화는 심화되는 것으로 보인다. 리먼 브라더스를 비롯하여 수많은 월가의 투자은행들의 도덕적 해이는 입이 벌어질 정도였다. 수천만 달러의 보너스를 챙겼

던 금융회사 임원들이 경영을 잘못했는데도 그 회사를 살리기 위해 국민세금을 넣어야 한다는 것은 아이러니가 아닐 수 없다.

과거 우리나라가 IMF(국제통화기금)의 지원을 받았을 때는 IMF가 우리나라 정책당국에 금리를 대폭 올리도록 주문하였다. 그리고 재정도 건전화하여 정부지출을 억제함으로써 부실 기업들이 스스로 무너지도록 유도하였다. 그러나 작금에 겪은 전 세계적인 금융위기는 선진국으로 하여금 대폭적으로 금리를 내리도록 했다. 그리고 중앙은행을 통해 엄청난 유동성을 공급하여 신용경색을 줄이고 정부 재정지출 확대를 통해 경기침체를 막도록 하였다. 그야말로 1999년의 해법과 2008년의 해법이 전혀 달랐던 것이다.

시장위기 상황에서 정부는 시장효율과 이익 챙기기에만 혈안이었던 기업논리를 받아들이지 않았다. 가능하면 다수 국민의 이익이 무엇인지를 깊이 고민하는 방향에서 정책결정을 추구해야 했기 때문이다. 이것이 바로 공공성이다.

이해가 상충하는 국민들 간에 특정집단의 이익 지키기에만 쏠리지 않고 전체를 바라보는 조정자로서 정부 및 공공기관 역할이 요구된다. 그래서 이제는 정책 결정자로서 관료의 역할이 정치인이나 기업 경영자보다 더 중요하다고 보인다. 이는 공무원들이 진정 다수 국민의 입장에서 판단하고 선택해야지, 자신의 자리 지키기나 출세를 위한 처신에 치우친 정책과 행정이 되어서는 안 된다는 것이다. 그리고 인기 위주의 정치인이나 기업인의 입김에 휘둘리는 것도 넘어서야 한다는 이야기이다.

자본주의 경제의 축 – 시장 시스템과 자기 책임의 의사결정, 그리고 경쟁의 법칙

　자본주의 경제를 움직이는 바퀴가 있는데 그것은 바로 외부바퀴와 내부바퀴 두 가지이다. 외부바퀴는 공급자와 수요자가 만나 가격을 결정하는 시장 시스템이다. 내부바퀴는 경제활동에 참여하는 가계, 기업, 정부로 구성되는 개별주체들의 자기 책임적 의사결정이다. 고전경제학자인 애덤 스미스(Adam Smith)는 자본주의 경제에서는 보이지 않는 손이 시장을 끌어나간다고 한다. 그 보이지 않는 손이란 바로 이 두 개의 바퀴를 말한다. 경제주체의 개별적 의사결정 배경에는 각 주체가 자기이익을 추구한다는 바탕에서 합리적으로 행동한다고 보는 것이다.

　자본주의시장경제는 시장에 참여하는 공급자, 수요자 간에 경쟁이 있을 때 상품생산에 투입되는 요소– 자본과 노동 – 배분에 최적화가 이루어진다고 본다. 수요공급에 따른 가격결정의 법칙은 시장 내에 경쟁이 있을 경우 최적으로 이루어진다고 보는 것이다. 그리고 이렇게 형성된 가격을 통해 어떤 상품이나 서비스 생산을 위해 자본과 사람이 얼마큼 투입되어야 할지가 결정된다고 한다. 그래서 시장을 통한 경쟁이야말로 최적의 자원분배와 혁신을 낳는 원동력이라고 말한다.

　이처럼 경제활동에 있어서 경쟁이 가져다주는 좋은 점들이 있다. 경쟁이 아닌 독점은 시장의 효율을 떨어트린다. 공급자의 시장독점은 자신의 독점적 이익만을 추구하기 때문에 오히려 수요자 만족도를 떨어트린다. 따라서 경쟁이 없는 곳에 경쟁을 도입하는 방안이 성과와 효율성을 제고시키는 측면에서 훌륭한 대안이 된다는 점은 공통적으로 받아들여지고 있다. 시장에서 경쟁체제를 활성화시키는 것이 경제에 활력을 불어넣는 길이라는 주장은 많은 학자들 사이에서 공감되고 있다.

과거에 정부규제 강화나 공공재분야 확대, 국가기간 사업의 국유화 조치, 국가재정 확대를 통한 큰 정부 지향 등은 자본주의경제체제의 고질병이라고 불리어 온 소수 독점자본으로의 경제력 집중과 부익부 빈익빈 문제를 해결하는 데 도움이 되었다. 그러나 정부개입과 공공부분 확대는 또 한편으로 정부실패를 야기하였다. 정부실패는 관료들의 부정부패를 야기하고, 민간기업의 활력을 희생시킴으로 전체적인 경제성장에 부정적 효과를 가져왔다는 점은 많은 학자들이 공감하는 바이다. 거시경제뿐 아니라 미시적인 측면에서도 시장경쟁을 강화시키는 것이 기업이나 공공부분 성장과 효율 면에서 바람직하다고 한다. 이런 점에서 전력, 철도 등 국가기간 사업 분야의 민영화는 큰 방향에서 바람직하다고 할 수 있다.

민간기업들도 글로벌화된 경쟁시장 구조에서 경쟁력 강화를 핵심전략으로 추구하고 있다. 선택과 집중이라는 기업전략, 핵심역량 강화전략 모두 경제주체로서 기업들의 경쟁력을 강화시키기 위한 것이다. 임직원 개인들에 대한 성과 지향적 목표관리도 개인에 대한 경쟁력 강화 차원이라고 할 수 있다. 연공 중심의 연공급 임금체계에서 능력이나 성과를 강조하는 능력급, 성과급, 연봉제 임금체계로 가는 방향은 경쟁 지향이 개인이나 조직성과에 긍정적 효과를 가져 온다는 점 때문이다. 이런 점에서 개인이나 기업, 공공조직 모두 경쟁력을 강화시키기 위해 매진해야 할 것이다.

효율성과 공평성

그러나 경쟁이 지니는 또 다른 측면이 있다. 모든 사물에는 양과 음이 있고, 오른편이 있으면 왼편이 있는 것처럼 장점이 있으면 단점이 있기 마련이다. 경쟁은 승자와 패자를 만들어 내기 마련이다. 승자로서는 좋지만 패자로서는 실패이다. 한두 번의 경쟁으로 그치지 않고 게임이 계속 되풀이 된다면 한 번 졌다고 해서 낙심할 필요는 없다. 다음에 또 기회가 있기 때문이다. 그러나 한 번 지거나 실패하고 나면 아예 다음번에 기회가 안 주어지는 경우가 있다. 한 번의 실패가 영원한 실패가 되어 버리는 경우가 문제이다.

그리고 게임을 하려면 경쟁조건이 게임 참가자에게 공정하게 적용되어야 한다. 참여자 간에 규칙이나 필요한 정보 등이 공유되어야 한다. 그런데 그렇지 못한 경우가 종종 있다. 한 번 이긴 사람은 유리한 고지를 차지하게 되고 그것을 통해 기득권을 갖게 된다. 그러면 기득권자는 100m 달리기를 하여도 남보다 먼저 나가서 뛰는 경기가 될 수 있다. 그러면 다음번부터는 공정한 경기로 이어지기 어렵다.

경쟁을 계속 하다 보면 종국에는 독점으로 끝나고 마는 경향이 있다. 결국 최종까지의 1등은 하나이기 때문이다. 그래서 경쟁은 또 다른 경쟁을 불러오고 승자는 자기 자리를 지키기 위해 또 그 자리에서 밀려나지 않기 위해 온갖 노력을 다한다. 여기에서 스트레스가 쌓이고 기득권을 지키는 데 온갖 부도덕한 방법이 동원되기도 한다. 승자가 겸손하지 않고 교만할 때 그는 좋은 모델이 되기보다 다른 사람들에게 좌절감을 불러일으키는 존재가 된다. 그리고 경쟁에서 진 사람에게는 패배의식과 좌절감, 열등감이 쌓이게 된다. 나아가 주위 사람을 모두 자신의 경쟁상대로 보게 된다. 이러한 극심한 경쟁구조 속에서의 인간관계는 파이 나누기 관계가 될 수 있다. 이렇게 되면 인간상호 관계가 "네가 더 가지면 내가 덜 가져야" 하는 관계가 되고 만다.

최근 기업들이 성과급이나 연봉제를 도입하면서 직장 내에서의 인간

관계는 이런 상태가 되고 있다. 치열한 상호 경쟁 속에서 살아남으려는 서로의 관계는 토머스 홉스(Thomas Hobbes)가 말한 것처럼 "만인에 대한 만인의 투쟁"의 모습을 띠고 있다. 이러한 치열한 경쟁구조가 한편으론 득이될 수도 있지만, 한편으론 수많은 문제를 만들어 낸다. 남이 잘되면 내가 못되는 구조로 몰아가는 것은 당장은 효과가 있을지 몰라도 장기적으로는 실적 면에서도 부정적인 영향이 크다.

연봉제를 실시하는 많은 기업의 경우 직원들은 이제는 옆에 있는 동료의 연봉이 얼마인지 모른다. 90년대는 월급이나 상여금 봉투가 나오면 옆사람 몰래 화장실에 가서 펴 보았다. 그러나 요즈음은 월급봉투 자체를 주위 사람들이 볼 수 있게끔 노출시키지 않는다. 사내 인트라넷에서 암호인증을 통해 개인만이 볼 수 있도록 한다.

단기실적 위주와 장기성장 추구

경쟁구조에 따른 실적 차등을 강화시키면 단기적으로는 실적 향상에 긍정적 효과를 가져온다. 경영자들은 주주들에게 받는 실적 압력으로 단기실적주의를 지향하게 된다. 어떻게 하든지 외형적으로 나타나는 매출, 이익실적을 좋게 보이려고 온갖 방법을 강구하게 된다. 여기에서 분식 회계의 유혹을 받게 되는 것이다. 이러한 분위기는 기업 전체적으로 중장기적인 경영과제들을 기피하게 만든다. 장기적으로 노력해도 성과가 불확실한 과제 등에는 매달리지 않으려 한다. 당장 눈으로 나타나는 결과가 좋지 않을 역할도 회피한다. 경영자의 경우도 올해 실적이 어떠한가가 중요하지 내년이나 몇 년 후는 나도 모르겠다는 식이다. 내가 경영자로 재임하는 기간이 문제이지, 내가 물러난 이후의 이 회사 형편은 안중에 없는 것이다. 그래서 장기적으로 이익을 창출해 내는 방향으로 가는 것이 바람직한 경우에도 경영자는 단기간에 이익을 실현하려고 한다. 그리고 장기적으로 투자가 필요한 일, 기초 체력을 튼튼하게 하는 연구개발 등은 소홀히 하게 된다. 그러니 단기적으로는 결과가 좋아 보이지만 실상은 속으로 곪아가게 되는 것이다.

나아가 경쟁에서 이기기 위해서 정당한 실력대결보다는 각종의 비정상적 방법들이 추구된다. 기업차원에서는 이해관계가 걸린 사람에게 접대와 로비가 이루어진다. 여기에서 정경유착이 끊이지 않고 발생한다. 조직 내 임직원 관계에서도 학연, 지연 등의 연고주의가 동원된다. 누구누구에게 줄을 서야 되는지 이런 곳에는 탁월하게 눈치 보면서 줄서기를 잘하는 사람들이 생긴다.

업무상의 실력보다도 아부하는 실력이 더 중요해진다. 여기에서 비리가 싹트고 인사 청탁과 뇌물이 오고가는 구조가 생긴다. 그러니 "되는 것도 없고 안 되는 것도 없다."라는 자조적인 비판이 나오는 것이다. 그래서 경쟁의 자리에는 진 사람이고 이긴 사람이고 참된 만족과 안식이 없게 된다.

친기업과 반기업 정서

재벌 등 대기업에 대한 규제를 강조하고, 중소기업이나 노조, 농어민 보호에만 치중하는 경제학자나 지식인들은 기업 입장을 고려해야 한다. 지금의 글로벌 경제 환경에서 한국의 국가 경쟁력은 기업 경쟁력과 직결된다고 할 수 있다. 그런 점에서 해외에 잘 알려진 삼성, LG, 현대, SK, 포스코 브랜드는 국가의 위상을 제고했을 뿐 아니라 세계 12위의 경제대국이 된 한국의 경제성장에 그만큼 기여했다는 점을 인정하지 않을 수 없다.

해외에 나가 보면 한국인이라는 자부심을 느낄 때가 많다. 해외여행을 다녀 보면 한국인들에 대한 대우가 예전과는 많이 달라진 것을 느낄 수 있다. 80-90년대에 미국 내의 전자제품 매장이나 자동차 딜러망에서는 삼성과 LG, 현대는 일본 브랜드에 밀려 명함조차 못 내밀었다. 당시 삼성과 LG는 소니, 파나소닉, 도시바, 샤프 등에 밀려 가전 매장의 한 구석에나 가야 찾아볼 수 있는 브랜드였다. 심지어 현대차가 미국시장에 진출한 이후 엑셀이 한 때 인기를 끌기는 했지만, 90년대 현대차의 이미지는 '값은 싸지만 품질은 형편없는 차'로 받아들여졌다.

그러나 이제 현대차의 소나타와 제네시스는 도요타, BMW, 벤츠 등과 어깨를 나란히 하고 있다. 많은 선진국 국민들이나 제3세계 국민들은 대한민국은 몰라도 삼성과 현대, LG의 브랜드는 잘 알고 있다. 이들 중에는 이들 브랜드가 일본기업에서 만든 제품인 줄 알았다고 말하는 사람들도 종종 있다. 이제 한국을 대표하는 이들 브랜드들은 한국의 위상은 물론 한국인의 위상을 높여 주고 있다.

그러나 기업을 놓고 볼 때 국민들이 그렇게 칭찬하고 납득할 만한 것만 있는지 묻고 싶다. 수없이 많았던 정경유착 사례들, 자신들의 이익을 위해서라면 물불을 가리지 않으면서 그러한 이익 지키기를 위해서는 서슴없이 추악한 일면을 드러낸 사건들이 얼마나 많았는가? 최근 어려운 경제 환경 속에서 삼성전자와 현대자동차가 사상 최고의 이익을 냈다는 보도가 나온다. 이런 보도를 들을 때 그들의 성공에 박수쳐 주기보다는 그만큼 이익이 나기까지 얼마나 많은 협력 중소업체들이 CR(코스트 삭감, Cost Reduction)을 당했을까 하는 생각이 먼저 떠오르는 것은 대기업에 대한 부정적 정서 때문일까? 현 정부에서도 반기업 정서가 여전히 남아 있는 현실에서 대기업,

중소기업, 노조, 근로자, 도시서민, 농민 등의 이해가 상호 충돌할 때 어느 쪽 손을 들어 주어야 하는가의 문제가 제기된다. 물론 어느 한편만을 지지할 수는 없다. 모든 입장을 골고루 다 고려해야 하지만 먼저 대기업이 중소기업과 서민 자영업자를 생각하는 마음이 아쉽다고 할 것이다.

신자유주의와 국가자본주의

신자유주의는 그간 자유무역과 시장개방, 규제완화, 민영화, 작은 정부를 지향하는 큰 흐름으로 전 세계경제를 지배해 온 흐름이었다. 신자유주의의 기반이 된 자유주의적 경제관은 개별 경제주체의 자율중시, 시장경쟁의 효율성 강조, 자유로운 시장진입과 퇴출을 통한 시장 자체적인 문제해결을 기조로 하였다.

1980년대 미국의 레이건 정부, 영국의 대처 정부는 신자유주의적 경제관을 기반으로 자유무역 확대와 정부규제 완화, 국영기업 민영화를 추진하였다. 그러다가 90년대에 접어들어 금융부문이 역할이 확대되자 전 세계적으로 자본시장 개방, 국가 간 자본이동 자유화, 금융·외환시장의 비약적 싱징이 나타났다. 그러나 금융기관들이 고수익만을 좇게 되자, 머니게임 위주의 금융자본주의는 카지노 자본주의라고 비판받기에 이르렀다. 결국 서브프라임 모기지 사태로 인한 금융위기 발생, 은행과 기업의 파산, 주식시장 폭락, 실물경제 침체, 실업증가, 심각한 마이너스 성장 등은 그간 주류흐름으로 여겨졌던 신자유주의에 비판 내지 선회를 불러일으켰다.

신자유주의의 강화는 결국 시장실패를 불러일으켰고 이는 자유방임의 시장만능주의적 사고에 큰 경종을 불러일으켰다. 결국은 시장실패와 기업의 자율적 시장위기 해결이 한계를 보이게 되자, 위기를 해소할 주체로서 정부역할이 강화되었다. 결국 이 과정에서 신자본주의의 작은 정부 철학은 큰 정부로 변화될 수밖에 없게 되었다. 그리고 정부의 주도적 역할이 강조되면서 정부가 경제 전반을 주도해 가는 국가자본주의 모습이 전 세계 국가마다 나타나고 있다.

향후에도 선진국과 신흥 성장국을 불문하고 모든 나라들은 정부가 앞장서서 경기부양을 주도하는 21세기형 뉴딜 정책을 펼칠 것이다. 저탄소 대체에너지 분야를 비롯한 신성장동력산업을 일으키는 데도 국가가 적극적 역할을 하게 될 것이다. 이처럼 정부가 시장에 맡겨 두고 시장개입을 최소화하며, 규제완화, 공기업 민영화를 추구하는 방향으로 가기보다는 정부의 주도적이고도 적절한 개입을 강조하게 될 것이다. 금융부문에도 과거와는 다른 감시, 감독, 규제가 강화될 것이다.

시장실패와 정부실패

그러나 시장실패에 대처하는 정부역할 강화와 국가자본주의적 방향 추구는 향후 정부실패라는 문제를 낳을 수도 있다. 과거 국가 주도의 경제 추진은 정치권력의 독재, 공무원의 부정부패, 정경유착 문제를 낳았다. 즉 정부가 주도하면 이런 문제를 낳을 수 있다. 결국 한 사회의 경제문제란 시장실패와 정부실패가 반복되는 데 있다고 할 것이다. 그리고 경제정책의 흐름은 시장실패에서 정부 주도로 갔다가, 정부실패에서 다시금 민간 주도, 시장 주도로 가는 사이클이 반복되고 있다. 아직도 시장 중심의 경제정책을 지지하는 자유주의적 학자들도 많다. 이들은 글로벌 경제를 향해 개방화로 적극 나가야 한다는 점, 자유무역협정(FTA) 추진의 필요성, 기업 경쟁력 제고를 통한 국가경쟁력 제고가 핵심적 정책과제로 되어야 한다는 점, 기업의 경제활동을 제약하는 각종 규제완화 필요성, 정부 경제정책이 시장논리에 역행하지 말아야 하는 점, 시장 진입과 퇴출을 통한 자연스러운 시장효율성 제고, 공기업의 민영화 추진, 교육정책에서 영어 경쟁력 제고와 선진국 수준의 교육투자 활성화 등이 그러하다.[10]

그러나 나는 이러한 주장에 전부 동의하지는 않는다. 그러한 이유로서 너무 시장 효율성만을 강조한 나머지 시장실패 문제를 과소평가하는 점, 대기업 위주로 가다 보면 중소기업 보호가 약해질 수 있는 점, 교육·복지·환경 부문에 있어서조차 정부규제를 약화시킬 때 생기는 문제점, 금융자본주의에서 금융에 대한 정부규제 필요성이 제고되는 점, 일률적인 공기업 민영화가 꼭 국가 전체적 차원에서 효율적인가에 관한 의문점, 사회적 차원에서 대기업 위주, 농어업 보호, 사회적 약자 보호가 위축될 수 있는 점을 들고 싶다.

규제완화와 규제강화

현재 정부정책에서 논란이 일어나는 부분은 여러 분야에 걸쳐 있다. 그중에서도 국민들의 관심과 이해가 가장 큰 부분이라면 교육, 부동산, 조세정책 분야라 할 것이다. 나는 교육정책에서 3不이라 불리는 고교등급제, 본고사 부활, 기여 입학제에 대해서는 현재 기조를 유지할 필요가 있다고 본다. 현재의 뜨거운 교육열을 고려할 때 이를 푼다면 당연히 초중고생의 입시경쟁 격화, 사교육비 앙등을 불러올 것이라 본다. 물론 지나친 평준화가 가져오는 문제점, 학교 선택의 자율권, 영재 및 우수 학생에 대한 적극적 교육기회 확대의 필요성에는 공감한다. 그러나 과거의 교육정책에서 지나치게 오른쪽으로 선회하는 것도 또 다른 부작용을 불러일으키리라 본다. 근본적으로 공교육이 강화되어야 한다는 정책방향은 공감한다.

그러나 어떠한 교육정책을 추진할지라도 자기 자식은 좋은 대학에 보내야 한다는 국민의식이 강한 현실에서 사교육 문제는 해소되기 어려울 것으로 보인다. 이런 상황에서 특목고, 자사고 확대는 입시경쟁을 더욱 유발할 소지가 있음을 인정하지 않을 수 없다. 부동산 정책에서도 투기를 조장할 수 있는 어떠한 규제완화도 바람직하지 않다고 본다. 물론 건설경기를 살려야 전체 경제가 활성화된다는 현실적인 점, 분양가 및 전매 제한 등의 규제는 주택시장 여건에 따라 유동적으로 조절되어야 할 필요성이 있다. 그러나 수도권 규제완화 및 종부세 완화로 인한 지방재정 감축부분에 대해서는 보다 균형발전적인 입장에서 지방권 육성대책이 필요하다고 본다. 나는 세종시 문제도 수도권과 지방권의 균형발전 사고가 우선되어야 한다고 생각한다. 감세정책에 있어서도 종부세 완화가 부자 중심의 감세라고 받아들여지는 점, 소득세나 법인세 등의 직접세 감면보다는 차라리 간접세인 부가가치세를 줄여 전 국민에게 혜택이 돌아가도록 해야 한다고 본다.

정부규제 문제에서도 일률적으로 규제완화를 말하는 데는 문제가 있다고 본다. 국민들도 한편에서는 자신들의 피부에 와 닿는 규제완화에는 공감하면서도, 어떤 부분에 있어서는 왜 정부가 그대로 유지하느냐고 항의하는 경우가 많다. 기업의 창업, 입지, 투자, 무역, 경영 등 시장 지향적인 부분에 관한 한 규제완화 방향이 바람직할 것이다. 그러나 환경, 복지, 교육, 불공정 거래, 소비자 보호 분야에서는 정부 주도 내지 규제가 더 필요할 것이다. 특히 멜라민 파동 등으로 문제되었던 식품안전 분야는 정부규제가 훨씬 강화되어야 할 것으로 보인다. 특히 이번 금융위기에서 보았던 것처럼 금융 분야에서는 파생금융 상품이나 불완전 판매, 불공정 거래행위에 대해서는 감독을 더 강화하여야 할 것이다.

또한 현 정부가 강력하게 내세우는 공기업 개혁은 공기업 민영화와 구조조정, 인력감축으로 받아들여지고 있는 실정이다. 그런데 현재의 경제위기 분위기에서 사람을 줄인다는 것이 일자리 불안을 더 불러일으키는 것은 아닌지 의문이 든다. 한편에서는 일자리 나누기, 신규 일자리 창출을 강조하면서 한쪽에서는 인력감축을 얘기한다면 국민에 대한 일관된 메시지 전달 면에서 문제될 수 있다. 교육개혁도 사교육을 더 조장시키는 결과가 된다면 다수 국민들의 지지를 얻는 데 실패할 수 있다. 4대강 사업추진도 그 많은 예산이 정말 일자리 창출과 양극화 해소에 도움이 되는 것인지를 묻게 된다. 토건업체를 살리기 위한 자금지원이 우선적인 목적은 아닌지 그렇다면 건설업계의 이익을 먼저 고려하는 정부라는 비판을 면하기 어려울 것이다.

정부정책은 개별 사안에 따라 플러스, 마이너스를 분석하여 다양하게 대처하는 방향으로 가야 할 것이다. 물론 사안별로 찬성하거나 반대하는 것에는 타당한 논리가 있을 것이다. 결국 구체적 내용에서는 이해 당사자 간 협상과 합의를 통해 정책이 결정되겠지만, 내 주장만 할 것이 아니라 다른 사람의 생각도 받아들이는 상생의 자세가 보다 필요한 것이다. 중요한 점은 여야 간 현저한 입장 차이가 있는 부분은 너무 서둘러 추진하지 말고 양자 간 합의가 도출될 수 있는 부분부터 우선적으로 추진하는 것이 바람직하다고 보인다. 특히 현 정부는 고위직 인사 때마다 추천되는 장관들의 위장전입, 자녀교육 문제, 재산형성 등으로 도덕성에 흠집이 나고 있다. 이는 결국 국민들의 정부에 대한 신뢰도를 떨어트리는 결과를 빚게 될 것이다.

시계추의 법칙

시계추의 법칙이란 것이 있다. 인간 세상은 시계추와 같이 한쪽으로 가다 보면 그쪽으로 계속 갈 것 같지만 언젠가는 반대쪽으로 다시 되돌아간다. 인간은 두 가지 면이 공존하고 조화롭게 유지되어야만 건강해질 수 있다. 한쪽 면으로만 치우치면 언젠가는 다른 면이 부상되는 현상을 막을 수 없다. 이것이 균형을 찾아가려는 복원력이다.

인생에는 감각적으로 안 되는 부분, 심사숙고해야 하는 부분이 꼭 필요하다. 그런데 감각적인 것만을 강조하면 이성적인 것, 합리적인 것이 당연히 튀어나올 수밖에 없다. 심사숙고하는 진지함의 가치가 다시 부각될 수밖에 없다. 나아가 표피적인 것을 거부하고, "왜 그런가?"하고 끊임없이 묻는 사고가 뒤따른다. 인간은 보다 심층적인 것, 근원적인 것을 묻게 된다. 인간을 움직이는 근본 동기란 무엇인가? 이런 질문은 인간의 영성추구를 늘리게 된다. 신앙생활이나 기도, 명상과 같은 종교적 가치를 찾는 것이다.

스피드가 강조되다 보면 사람들은 그에 대한 반발로 개인생활에서 느림과 여유를 찾고 싶어 한다. 빨리빨리 하려다 보니 잘못된 의사결정, 찰나주의, 인간관계의 피상성이 나타나는 것이다. 그러다 보면 아무 것도 하지 않으려는 여유로움과 느릿함을 추구하려 한다. 돈을 숭배하면서도 이것이 지나치면 또 다른 나눔과 섬김을 추구하게 된다. 자본주의 경제 안에서 사람들이 돈 벌기로 치달리는 것은 어쩔 수 없다. 그러나 돈으로 해결되지 않는 인생의 가치가 있다. 돈 위주로 결혼을 결정하니 가정이 쉽게 깨지는 것이다. 자녀교육도 돈으로 해결되지 않는다는 것을 배우게 될 것이다. 다양성과 일체성, 육체적 웰빙과 정신적 로하스(LOHAS, Life Of Healthy And Sustainability), 나 우주주의와 타인 지향, 자기 울타리 안으로 들어가기와 밖으로 나가기 간에는 한쪽이 지나치면 언젠가는 꼭 반대 방향으로 나아가는 성향이 생기는 것이다.

　다양성에는 좋은 점이 많지만 이로 인해 분열과 갈등이 증가하면 사람들은 차이점보다는 공통점을 추구하게 된다. 이질적인 것보다는 동질적인 것에 편안함을 느끼게 될 것이다. 억압적으로 획일을 강요하는 집단주의는 싫지만 통일된 일치와 연합을 추구하게 되는 것이다. 그리고 사람들은 복잡해질수록 단순함을 추구하게 된다. 웰빙을 추구하지만 천박함과 피상성에는 싫증을 느끼게 될 것이다.

　사람들은 물질적 풍요함 속에서 편안하게 사는 것을 여전히 추구할 것이다. 그러나 어떤 사람들은 비싼 음식을 먹고 더 넓은 아파트에서 살고, 고급차를 타는 것이 인생의 행복이 아니라는 것을 깨닫게 될 것이다. 물질적 풍요함의 반대급부로 생기는 여러 문제들을 겪어 보면 사람들은 점차 이 점을 깨닫게 될 것이다. 나 우주주의는 결국은 이기주의와 고립된 개인주의로 이어진다는 점을 알게 될 것이다. 그럴수록 사람들은 이웃과 공동체적 삶의 중요성을 알게 될 것이다. 자기 울타리 안에 머물면 자기보호는 되지만 자기발전은 이루지 못한다.

　외부로부터의 차단은 자기보호에는 좋지만 외로움을 더 느낄 수 있다. 가족끼리만 어울리며 사는 가족중심주의도 가족 간의 갈등이 심해지면 달라질 것이다. 오히려 가족구조를 일탈하고 싶어지게 될 것이다. 결국은 나와 가족이라는 내향적 관심과 사회와 세상이라는 외향적 관심 간에 균형을 찾게 되는 것이다. 양극화의 문제도 심각해지면 우리 모두가 함께 살 수 밖에 없는 공동체의 일원이라는 점이 부각될 것이다. 가난한 이들, 소외받는 이들과 함께 나누고 그들을 섬기는 것이 보다 바람직한 가치라는 점이 나타날 수밖에 없다.

양자택일에서 양자균형으로

요즘의 시대는 'Or의 시대'가 아니고 'And의 시대'라고들 말한다. 즉 충돌할 수 있는 두 개의 가치 중 어느 하나만을 선택해야 하는 것이 아니라, 두 가지 모두를 선택하고 유지하면서 양자 간 균형을 유지해 가야 한다는 것이다. 당장 보기에는 둘 중의 하나가 맞는 것 같지만 장기간을 놓고 보면 두 가지 모두가 맞다는 것이다. 물론 어느 특정 시점에는 한 가지를 선택하고 이 방향으로 가야 할 때가 있다. 그러나 시간이 지나면 무시되었던 다른 가치가 새롭게 부각되어 그 가치를 추구해야 할 때가 온다는 것이다.

호렙산에서 모세를 통해 이스라엘 백성들에게 십계명을 주신 하나님은 다음과 같이 말씀하신다. "그런즉 너희 하나님 여호와께서 너희에게 명령하신 대로 너희는 삼가 행하여 좌로나 우로나 치우치지 말고 너희 하나님 여호와께서 너희에게 명령하신 모든 도를 행하라 그리하면 너희가 살 것이요 복이 너희에게 있을 것이며 너희가 차지한 땅에서 너희의 날이 길리라"(신 5:32-33)고 하신 것이다. 하나님은 십계명의 모든 것을 다 지키라고 하신 것이다. 특정한 어느 계명만을 준수하라고 하신 것이 아니라 모든 도를 다 행하라고 하신 것이다.

우리 신앙에도 하나님과 나와의 수직적 관계측면이 있는 반면, 한편으론 나와 이웃 간의 수평적 관계측면도 있다. 그리고 하나님을 인지하는 측면에서는 이성적 측면도 있는 반면, 감성적 측면도 있다. 나아가 개인의 신앙생활에는 혼자 조용히 있고 싶은 수도원적 분리적 측면이 있는 반면, 사람들과 어울리고 봉사하며 교제하는 측면도 있다. 그리고 교회에도 모이는 교회가 있는가 하면, 흩어지는 교회도 있다. 이 두 가지 모두가 다 중요한 것이다. 하나님은 가나안 정복을 앞둔 여호수아에게 좌로나 우로나 치우치지 말라고 하셨다. 좌와 우 모두를 바라보라는 것이다. 결국 세상의 경제문제를 바라보는 시각에서도 이 두 가지 모두를 균형 있게 조화시키려는 노력이 필요하다.

6

양극화 속에서 상생의 나눔 만들기

"너는 이방 나그네를 압제하지 말며 그들을 학대하지 말라
너희도 애굽 땅에서 나그네였음이라
너는 과부나 고아를 해롭게 하지 말라
네가 만일 그들을 해롭게 하므로
그들이 내게 부르짖으면 내가 반드시 그 부르짖음을 들으리라"(출 22:21-23).

가까운 분이 얼마 전에 모 대학 입구에 커피 전문점을 열었다. 그런데 장사가 안 되서 임대료 내기도 수월치 않다고 한다. 그래서 다시 팔아야 할 것 같다며 부동산에 내놓았는데 아직 팔리지 않고 있으니 이를 위해 기도해 달라는 부탁을 받았다.

직장을 그만 둔 이느 교인은 신기술의 치킨점을 세 군데 열었다. 세 군데 중 하나는 그런대로 장사가 되지만, 한 군데는 간신히 종업원 월급을 주면 남는 게 없고, 한 군데는 임대료, 재료비, 인건비 주고 나면 적자상태라고 한다. 주변에서 소규모 자영업을 하는 사람들 중 장사가 안 된다고 힘들어 하는 사람은 늘어만 가고 있다.

승자 싹쓸이와 쏠림현상

요즈음은 장사하는 사람들도 한 군데 정도는 너무 잘되고 두세 군데는 현상유지, 나머지는 고전하는 것 같다. 그런데 잘되는 한두 군데의 잘되는 정도는 너무 잘된다. 그야말로 10% 정도는 펄펄 끓어서 열이 날 정도인데, 나머지는 차디찬 냉방으로 가고 있다. 문제는 어느 정도 유지된다고 하는 중간층이 점차 엷어지는 것이다. 그러면서 아예 중간층이 없거나 소수의 펄펄 끓는 층과 아예 안되는 층으로 확연하게 구분되는 것이다. 그야말로 비즈니스 세계에서 양극화 현상이 심화되는 것이다.

소규모 자영업뿐 아니라 일부 산업에서도 경쟁자 간 양극화 현상은 이미 보편적으로 나타나고 있다. 중간부류가 사라지고 1등과 그렇지 못한 다수업체 간에 현격한 격차가 생기고 있다. 시장 점유율 면에서도 1등의 점유율은 급속하게 증가하는 반면 2, 3위 업체의 점유율은 모두 줄어든다. 그야말로 1등의 승자가 전체시장을 싹쓸이 해 버리는 유사독점 현상이 생겨나는 것이다. 전자 상거래 부분에 있어서도 잘 알려진 유명 사이트만 살아남고 다른 사이트는 문을 닫는다.

승자 싹쓸이 현상을 만들어 내는 원인으로 정보의 급속한 전달과 1등으로서의 시장선점 효과를 들 수 있다. 1등은 시장을 선점하게 되면 자기 모델을 시장 전체에 표준화시키거나 융단 폭격식 광고를 통해 시장 내에서의 독점적 기득권 지위를 강화시킨다. 그야말로 선점의 효과를 최대한 활용하는 것이다.

소비자 측에서도 마찬가지이다. 어디가 좋다고 하면 이제 그 소문이 입을 통해 급격하게 번져 간다. 그러니 소비자들은 잘한다는 공급자를 찾아내서 온라인(On Line)과 오프라인(Off Line)상으로 그곳에 접근하는 데 제약이 전혀 없다. 그러니 잘되는 곳에는 계속하여 사람이 몰리고 안되는 곳은 더욱 파리만 날리게 된다. 이제는 소문이 나서 잘된다는 음식점 주변으로 동일업종의 음식점이 몰리게 된다. 그리하여 oo촌을 만들어 낸다. 입소문을 통한 특정 음식점으로의 물결에 편승하여 함께 이득을 보려고 하게 된다. 음식점과 교회는 입소문이 잘 나야 한다는 말이 있다. 그런데 입소문을 듣고 그 지역으로 몰려들어도 또 잘되는 업소와 안되는 업소 간에는 격차가 벌어진다.

최근 글로벌화, 급속한 기술변화, 제품의 라이프 사이클 단축이 일어나면서 많은 분야에 80대 20의 법칙이 적용되기보다는 90대 10의 법칙, 나아가 승자독식(The Winner takes it all) 법칙이 지배하는 현상이 나타나고 있다. '80대 20의 법칙'이란 20%의 공급자가 전체 시장의 80%를 가져간다는 것이다. 혹자는 온라인 시장에서는 특정 소수상품만이 시장을 지배하기보다, 수많은 틈새상품이 활발히 거래되기 때문에 공급자나 상품의 수에서 긴 꼬리가 형성되는 롱테일(Long Tail) 현상이 나타난다고 한다. 즉 20%의 인기상품이나 특정한 핵심 공급자가 시장의 80%까지는 점유하지 못한다는 얘기를 하기도 한다. 그러나 최근에 온라인 상품시장에 대한 연구결과에 따르면 온라인 시장 역시 특별한 예외를 뺀 다수의 경우는 20%의 상품이나 공급자가 진체 매출이나 수익의 80%를 가져가는 현상이 적용된다고 말한다.

승자독식이란 경쟁자 간의 게임에서 1등이 모든 상품을 다 가져가는 결과를 지칭한다. 그래서 1등이 아니면 아무 소용이 없다는 것이다. 2등이나 꼴찌나 마찬가지라는 것이다. 2등이나 3등에게도 상이 돌아간다면 1등을 양보하는 미덕을 발휘할 수도 있다. 그런데 한 번 1등에서 밀려나면 1등 고지에 오르기가 쉽지 않다. 영원한 2등이 될 가능성이 높다. 그러니 죽기 살기로 1등을 해야만 된다.

10%나 20% 등 소수의 몇 퍼센트를 강조하는 이 논리는 핵심이나 중요한 몇 가지를 강조하는 데 자주 인용된다. 독점현상, 집중화 전략을 설명하는 데는 유효하다. 그러나 이 법칙은 형평이나 평등 지향적인 사고와는 거리가 멀다. 비즈니스의 경우 극소수 잘되는 곳은 정말 주체할 수 없을 정도로 돈이 몰려든다. 반면에 80-90%의 다수는 파리만 날리다가 결국은 보따리 싸는 경우를 흔치 않게 본다. 그래서 이제는 창업도 하지 않으려고 한다. 아예 퇴직금 날리지 않고 지키기만 해도 성공이라는 얘기가 나온다. 벤처 기업들의 실패 경우가 그랬고 구조조정과 명예퇴직으로 직장을 잃은 40-50대 사람들이 퇴직금을 가지고 소규모로 사업하다가 망한 경우가 그러했다.

비즈니스 사회에서야 어차피 경쟁의 법칙이 지배하기 때문에 성공하는 1등과 실패하는 2등 이하의 문제는 어쩔 수 없는 것이라고 하자. 그러나 이러한 양극화 현상이 사회 전반에 번져 가는 것이 문제이다. 국민소득 분포에서도 최상위 소득계층과 최하위 소득계층 간의 격차는 더 벌어지고 있다. 그리고 중간 정도의 소득규모 인구가 차지하는 비율은 점차 엷어진다고 한다.

살기가 더 힘들어지는 사람들

한국의 경우 기초생활 보장 수급자로서 2007년 4인 가족 기준 최저생계비인 월 121만 원에도 못 미치는 소득으로 생활하는 인구가 153만 명으로서 전체 인구의 3.2%에 이른다. 그리고 최저 생계비의 100%-120% 소득 생활자로서 기초생활 수급자가 643만 명으로 전체 인구의 13.3%, 최저 생계비의 120-130% 소득 해당자가 140만 명으로 전체 인구의 2.9%로 나타났다. 4인 가족 기준 월 소득 157만 원 미만으로 살아가는 계층이 총 936만 명으로서 전체의 19.3%에 이르고 있다.[11] 절대빈곤 아동 수는 약 55만 명에 이르는 것으로 나타나고 있다.

반면에 1억 원 이상 억대의 연봉을 받는 근로소득자는 2004년 4만1천 명, 2005년 5만3천 명, 2006년 6만9천 명이었다가, 2007년에는 9만2천 명에 이르는 것으로 나타났다. 이러한 증가율은 2004-2007년 기준으로 연평균 30%에 이르는 수준이다.[12] 다만 2008년의 금융위기 이후 억대의 연봉 근로자는 좀 줄어들었을 것으로 추정된다.

문제는 상하 간 소득격차가 더 벌어지고 있다는 점이다. 외환위기 이전인 1995년에는 하위 소득자 10% 대비 상위 소득자 10%의 비중이 5배 정도였으나, 2000년대에 접어든 이후 이 비중은 7배 이상으로 늘어났고, 이 같은 현상은 계속 확대되고 있다.[13] 소득 상위자 20%의 평균소득을 하위자 20%의 평균소득으로 나눈 비율을 보면 2002년에는 4.42배, 2004년에는 4.78배, 2006년에는 4.59배로 확대되는 실정이다.[14] 2007년을 보면 근로소득자 상위 20%의 평균소득은 7,700만 원으로 하위 20% 소득자의 1,602만에 비해 4.8배로 더 높아졌다.[15]

글로벌 양극화

양극화의 문제는 전 세계적인 문제이기도 하다. 국가적으로 소득 불균형 확대는 어제 오늘의 문제가 아니다. 세계 인구의 약 27.2%인 약 15억 명에 이르는 인구가 절대빈곤에 처해 있다고 한다. 현재 세계의 영양실조 인구는 8억 4,000만 명에 달하고, 이중 8억 명이 개발도상국에 집중되어 있다고 한다. 그래서 기본적인 생활도 못 꾸려 가는 저소득층, 장애인의 문제는 늘 심각하다. 반면에 세계 인구의 5분의 1가량이 세계 소득의 5분의 4를 소비하면서 풍요롭게 살고 있다. 수많은 사람들이 굶어 죽어 가고 있는 반면, 풍요한 소수의 사람들은 사치와 호화로움에 엄청난 소비를 하고 있다.

미국의 경우에도 연소득 3만5천 달러 이상 5만 달러 미만의 중산층 비중이 1967년에 22.3%에서 2003년에 15.1%로 줄어든 반면, 연소득 10만 달러 이상의 고소득층은 1967년에 3.4%에서 2003년 15.1%로 늘어났다. 연소득 2만 달러 이하의 빈곤층 역시 2000년 11.3%에서 2003년에 12.5%로 증가하였다. 결국 한국이나 미국 모두 상하 간의 소득격차는 더 벌어지고 중간층의 폭이 얇아지는 현상이 이어지고 있다.[16]

회사 내에서도 억대 연봉을 받는 사람과 비정규직으로서 낮은 임금을 받는 사람의 격차는 더 벌어지고 있다. 높은 연봉을 받는 사람은 계속 더 잘 받는다. 그야말로 몇십 억의 연봉을 올린다. 2008년 미국발 금융위기의 주범으로 몰리는 미국의 투자은행 CEO의 연봉 수준을 보면 가히 입이 벌어질 지경이다. 골드만삭스 CEO의 경우 급여와 상여를 합하여 7,030만 달러, JP모건은 3,000만 달러, 파산한 리먼브라더스홀딩스의 경우 4,000만 달러, 베어스턴스 3,390만 달러, 메릴린치 1,730만 달러에 이르는 것으로 나타났다.[17]

미국의 시민단체 '공정경제를 위한 연대 카페'는 2007년 연례 보고서를 통해 미국 CEO의 연봉은 미국 근로자의 평균임금에 비해 364배에 이른다고 밝혔다. 이에 비하면 한국의 CEO는 그렇게 많이 받는 편도 아니다. 2006년 말 한국의 100대 상장사 CEO와 평직원의 연봉 차이는 11배 수준에 불과한 것으로 나타났다.

잘하는 사람과 잘 못하는 사람

기업세계에서도 잘 안되는 실패 기업의 문제가 있다. 이는 결국 부도와 시장퇴출로 이어진다. 직장 사회에서도 기대한 만큼의 성과를 내지 못하는 중간 이하의 직장인들이 있다. 교육 분야에서도 이런 현상이 나타난다. 아이들 시험결과를 성적순으로 나열하면 점수대별 분포가 정상분포 곡선을 그리는 것이 일반적이라고 한다. 정상분포는 상위점수와 하위점수는 낮은 반면 중간점수대가 불룩하게 튀어나오는 형태이다. 그런데 요즈음의 시험결과 분포는 양극화로 나타난다고 한다. 중간부류는 줄어들고 잘하는 상위그룹과 아예 못하는 하위그룹으로 나뉜다. 낙타 등 모습과 같이 2개의 봉우리 곡선을 그린다는 얘기다. 한 가정 내에서도 공부 잘하는 아이와 못하는 아이, 형제들 중에도 자기 앞가림 잘하는 사람과 그렇지 못한 사람이 있다.

어느 시대 어느 사회에서도 잘하는 사람과 못하는 사람이 있기 마련이다. 그럼에도 불구하고 이들은 공동의 공간과 시간에서 같이 살아가야 할 사람들이다. 문제는 양극화가 심화되면 사회 전체가 깨질 수 있다는 점이다. 이는 결국 정치적 불안정이나 사회적 불만 표출의 데모, 더 나아가 폭력 양상으로 나타날 수 있다. 더 심하게 나아가면 국가 간의 전쟁으로 비화되게 된다. 역사는 이러힌 깃들의 되풀이임을 알 수 있다. 제국주의 전개에 따른 국가 간 경쟁이 부의 획득에서 양극화를 빚자 이것이 1차 세계대전으로 이어졌다. 1929년의 경제공황 이후에도 국가 간 격차가 해결이 안 되자 결국 2차 세계대전이 발생하게 되었다.

배가 고픈 것보다 배 아픈 것이 더 문제라는 얘기가 있다. "사촌이 땅을 사면 배가 아프다."라는 속담처럼 절대적 빈곤보다 상대적 빈곤 때문에 사람들은 힘들어 한다. 그리고 감정적인 분노가 급속히 번져 나가면서 사회

혁명을 불러오는 것이다. 20세기의 러시아와 중국, 동유럽, 북한이 이런 배경에서 공산혁명이 일어나게 된 것이다. 양극화가 심해지면 상대적 빈곤에 처하는 사람들 마음속에는 미움이 자라고 분노가 자라게 된다. 극단적으로 가면 같이 못 살고 같이 죽자는 얘기가 나온다.

고령화 시대의 노인들

고령화 시대의 도래는 사회적 양극화 문제를 더욱 심각하게 할 수 있다. 소득을 창출하는 젊은 사람들은 줄어드는 대신에 그들에게 의존하여 연금 등으로 살아가야 하는 노인들의 비중은 늘어나기 때문이다. 노인들은 도와주지 않으면 생활이 어려운 사회적 약자들이다. 전체 인구에서 65세 이상 노령인구 비중은 2005년 9.1%, 2010년 10.9%, 2019년에는 14.4%에 이를 것으로 전망되고 있다.[18] 노령인구가 7%에서 14%로 되는 기간, 즉 고령화 사회(Aging Society)에서 고령사회(Aged Society)로 되는 데 걸린 기간은 프랑스의 경우 115년, 미국은 75년, 서독과 영국은 45년이었다. 그러나 우리나라는 19년밖에 걸리지 않을 전망이라고 한다. 앞으로 의학기술이 발전되면 인간수명이 120세가 되는 날이 올 것이라고 말한다.

평균수명이 늘어난 노인들에게 가장 중요한 과제는 그들에게도 무언가 의미 있는 여생을 살만한 일이 주어져야 한다는 점일 것이다. 일이야말로 노인들의 육체와 영혼을 건강하게 유지하는 최적 수단인 셈이다. 나이가 60세가 되기 전까지 어떤 직업과 능력으로 살아왔든지 이들이 새로운 일거리를 가지고 육체적, 정신적 노동을 한다면 아름다운 노년의 삶이 될 것이다. 그중에는 갈렙과 같은 선교사로서 제2의 인생을 사는 사람도 나올 것이다.

이들은 그동안 쌓아왔던 자신의 전문지식과 경험으로 남은 삶의 열정을 불태우려고 할 것이다. 그러나 노인들에게 돌아갈 일자리는 젊은 사람들에게 밀려 후순위가 될 수밖에 없는 현실이다.

사회적 약자들에 대한 배려

사회적 약자들의 문제는 언제나 우리들의 가슴을 아프게 한다. 장애인, 고령자, 외국인 근로자, 산재 근로자들, 따돌림 당하는 이중문화 자녀들, 탈북자들 누가 이들을 도울 것인가? 한국 사람들은 정이 많다고 한다. 부부, 부모, 친구 사이의 정을 강조한다. 우리나라는 설날이나 추석 명절에 5천만 국민이 가족들을 찾아 온 국토를 이동하는 나라이다. 많이 약화되기는 하였지만 장성한 자식이 노년의 부모님을 모시고 사는 것을 당연한 것으로 여긴다. 동양적인 가족의 가치를 중시하기 때문에 그만큼 노인이나 약자를 배려하는 마음도 약하지 않다. 장애인이나 고아 등에 대해서도 따뜻한 마음이 있다.

2008년 구세군 자선냄비는 경제 한파에서도 펄펄 끓어 모금총액이 역대 최고이었던 2007년보다 14% 늘었다고 한다. 사회복지공동모금회가 주관하는 한 통화에 2,000원 기부하는 ARS 모금액도 14만6천 건으로 2007년에 비해 2배로 늘었다고 한다.[19] 나아가 친구를 위해 목숨을 내어 주기도 한다. 알고 보면 따뜻한 사람들이고 착한 사람들이다. 종교계를 봐도 기독교의 경우 미국 다음으로 많은 선교사를 내보내는 나라가 한국이다. 우리가 어려울 때 다른 나라의 도움을 받기도 했지만 이제 전 세계로 돕는 손길을 내보내기도 한다.

양극화가 파국으로 치닫지 않으려면 사회 각 부분에서 공동체 정신으로 함께 살아가면서 어려움을 함께 극복한다는 자세가 요구된다. 먼저 정부에서는 복지 분야에 대한 예산배정에 보다 적극적이어야 할 것이다. 기초생활 보호 대상자 등 한계선상에 있는 사람들에 대해서는 적극적인 지원과 개입이 요구된다.

가난한 사람들과의 나눔

가난한 자들과 사회적 약자에 대한 배려는 신구약을 통틀어 계속 언급되는 말씀이다. 나그네와 객, 고아와 과부는 모세 율법에서 보호받아야 할 대표적 그룹으로 지칭된다. "고아와 과부를 위하여 정의를 행하시며 나그네를 사랑하여 그에게 떡과 옷을 주시나니"(신 10:18)와 "네가 밭에서 곡식을 벨 때에 그 한 뭇을 밭에 잊어버렸거든 다시 가서 가져오지 말고 나그네와 고아와 과부를 위하여 남겨두라 그리하면 네 하나님 여호와께서 네 손으로 하는 모든 일에 복을 내리시리라"(신 24:19)와 유사한 내용은 구약에서 계속 되풀이되어 나온다.

예수님을 만나 변화된 삭개오는 "주여 보시옵소서 내 소유의 절반을 가난한 자들에게 주겠사오며 만일 누구의 것을 속여 빼앗은 일이 있으면 네 갑절이나 갚겠나이다"(눅 19:8)라고 말하였다. 이처럼 세리장이자 부자로서 삭개오는 자신이 얻은 재물의 절반을 가난한 자를 위하여 헌금한 셈이다. 야고보도 믿음과 행위 간의 연계를 강조하면서 "만일 형제나 자매가 헐벗고 일용할 양식이 없는데 너희 중에 누구든지 그에게 이르되 평안히 가라, 덥게 하라, 배부르게 하라 하며 그 몸에 쓸 것을 주지 아니하면 무슨 유익이 있으리요"(약 2:15-16)라고 말하였다.

　이처럼 성경은 가난한 자에 대한 나눔으로서 재물사용을 계속적으로 말하고 있다. 이는 사회적 약자에 대한 배려가 기독교 정신의 핵심을 흐르고 있음을 말해 준다. 예루살렘의 초대 기독교인들은 "믿는 무리가 한마음과 한 뜻이 되어 모든 물건을 서로 통용하고 자기 재물을 조금이라도 자기 것이라 하는 이가 하나도 없더라"(행 4:32)고 하였다. 사도 요한은 "누가 이 세상의 재물을 가지고 형제의 궁핍함을 보고도 도와 줄 마음을 닫으면 하나님의 사랑이 어찌 그 속에 거하겠느냐"(요일 3:17)라고 말하였다.

　바울도 그리스도인은 궁극적으로 재물을 선한 나눔에 쓰도록 권면하고 있다. "네가 이 세대에서 부한 자들을 명하여 마음을 높이지 말고 정함이 없는 재물에 소망을 두지 말고 오직 우리에게 모든 것을 후히 주사 누리게 하시는 하나님께 두며 선을 행하고 선한 사업을 많이 하고 나누어 주기를 좋아하며 너그러운 자가 되게 하라"(딤전 6:17-18)고 하였다. 나아가 "이것이 곧 적게 심는 자는 적게 거두고 많이 심는 자는 많이 거둔다 하는 말이로다"(고후 9:6)처럼 타인을 위해 나누어 주는 헌금 생활에서도 심는 분량에 따라 차이가 나는 것을 말하고 있다. 야고보는 "이와 같이 행함이 없는 믿음은 그 자체가 죽은 것이라"(약 2:17)며 크리스천들이 말로만 사랑하시 말고 실제적인 행동을 보일 깃을 말하고 있다. 그레서 마틴 루터(Martin Luther)는 지갑이 회개하지 않은 것은 진정으로 회개하지 않은 것이라고 말한 것이다.

7

한계선상에 있는 실패자 일으켜 세우기

"주의 성령이 내게 임하셨으니
이는 가난한 자에게 복음을 전하게 하시려고 내게 기름을 부으시고
나를 보내사 포로 된 자에게 자유를,
눈 먼 자에게 다시 보게 함을 전파하며
눌린 자를 자유롭게 하고
주의 은혜의 해를 전파하게 하려 하심이라 하였더라"(눅 4:18-19).

불황기 경제에서는 개인 경제생활에 실패하는 사람들이 늘어나게 된다. 경제적으로 실패한 가장들은 본인뿐 아니라 가족들이 추운 겨울을 맞게 된다. 오늘 우리 사회에는 전체 인구 중 하위 소득자 20%는 4인 가족 기준으로 월 160만 원에도 못 미치는 생활비로 살아가는 실정이다.[20] 현재 청년 실업자만 100만 명, 취업 대기자는 300만 명에 이른다. 고용의 불안정을 느끼면서 살아가는 비정규직 근로자가 600만으로 전체 근로자의 37%에 이른다.[21] 가계 파산이 증가할 위험성도 심각하다. 2008년 9월 기준으로 가계부채 총액은 총 676조 원으로 가구당 빚은 4,054만 원에 이른다.[22] 특히 신용불량 때문에 은행권에서 대출받기 어려워 사채를 쓸 수밖에 없는 금융권 소외자만 700만 명에 이르는 것으로 추산된다.

사업 실패자들

인생에서 겪는 한두 번의 실패는 인생살이의 약이 된다고 한다. 그런데 그 얘기는 실패 이후 성공한 사람들의 얘기다. 요즈음의 실패는 아예 재기하기 어려울 정도의 실패이니 문제가 된다. 신용 불량자로 낙인찍히고 나면 무슨 사업을 다시 시작하기도 어렵다. 문제는 실패가 실패자 당사의 문제로 끝나는 것이 아니라 그 가족 전체에게 뼈아픈 상처로 영향을 남긴다는 것이다.

가정이 깨지면 자녀들이 고아원으로 보내지기도 한다. 성장기에 있는 아이들은 마음속에 일생 지울 수 없는 상처를 받게 된다. 소년, 소녀 가장들이 생겨나게 된다. 어느 사회이고 성공자가 있는 반면 실패자들이 있기 마련이다. 그러나 요즈음 우르르 하고 무너지는 실패자들의 소리가 너무도 크게 들린다. 경제적으로 실패하는 사람들의 경우를 보면 사업실패, 투자실패, 직장실패, 취업실패의 경우로 구분해 볼 수 있다.

사업 실패자는 자영업 등 사업이나 창업에서 실패한 사람들이다. 경제위기 이후 불황이 깊어지자 노숙자가 다시 늘었다고 한다. 과거 김대중 정부 시절에서도 몇만 개의 벤처 사업을 육성하겠다는 장밋빛 프로젝트를 추진하였다. 그 결과 테헤란로가 벤처 거리가 되었고 수많은 닷컴들이 등장하였다. 그런데 그 벤처 기업들이 얼마 안 가 문을 닫았다. 과당경쟁에다가 제대로 준비되지 않은 경영자들이 양산된 결과였다. 대부분의 경우가 반짝이는 아이디어나 신기술 하나 가지고 벤처를 하겠다고 나선 사람들이었다.

그러나 그들이 실패를 통해 뼈아프게 깨달은 사실은 기업이란 아이디어나 기술 하나 가지고는 되지 않는다는 것이었다. 대체로 젊은 사람들이 주도한 창업이었으니 이들의 공통된 약점이 경영관리 능력이 미약했다는 점이다. 그중에는 금융권에서 자금지원을 못 받아 흑자상태에서 부도난 경우도 많았다. 일반적으로 은행은 경제가 어려워질수록 대출을 기피한다. 왜냐하면 부실채권이 될 위험성이 높기 때문이다. 결국 중앙은행에서 금리를 내려도 시중은행들이 부실대출을 두려워하여 웬만큼 신용수준이 괜찮은 사람 외에는 돈을 빌려 주지 않는다. 그렇기 때문에 정책금리는 내려가도 시중금리는 떨어지지 않는다. 결국 이러한 것이 반복되다 보면 신용상태가 안 좋은 기업이나 사람들부터 자연스럽게 살 자와 죽을 자가 가려지는 셈이다. 이들이 결국 의지할 곳이란 사채이다. 고리의 사채를 쓰다가 막바지까지 몰리게 되면 어쩔 수 없어 야반도주를 하거나 아예 타국으로 도망쳐 버리는 사람들도 있다.

투자, 직장, 취업 실패자들

투자 실패자들은 증권투자나 부동산투자에 실패한 사람들이다. 몇 년 전 베스트셀러가 되었던 『부자 아빠 가난한 아빠』가 일으킨 부자 되기 신드롬은 너나 할 것 없이 사람들을 주식시장으로 내몰았다. 수많은 개미 투자자들 중 일부는 한때 돈을 벌기도 했다. 그러니 다수는 깡통계좌를 체험하면서 돈을 잃고 말았다. 주식투자에서도 80대 20 아니 90대 10의 법칙이 작용하는 것이다. 10-20% 정도는 벌지만 나머지 80-90%는 돈을 벌기 어려운 것이다.

개미 투자가가 전문 투자자들이나 기관 투자가들을 당해 내기는 어렵다. 이들 중에는 파산하여 길거리로 나앉게 된 경우도 있다. 투자감각이 아무리 좋고 투자정보와 기법이 탁월하다고 해도 주식의 미래는 모르는 법이다. 한두 번 투자에 수익을 올릴 수는 있다. 그러나 지속적으로 수익을 올리기는 쉽지 않다. 그만큼 리스크가 높은 법이다. 직접투자이건 펀드 등의 간접투자이건 증권에 손을 댄 노인이나 은퇴자들의 경우 노후의 생활자금까지 날려 버린 경우는 안타깝다. 요즘 우리 주변에는 이런 노인들이 자식들에게 말도 못하고 고민을 하는 경우를 본다. 지금이라도 펀드를 환매하고 정기예금 등 안전자산으로 이동을 권하지만 손실이 너무 커서 이러지도 저러지도 못하고 있다.

그리고 직장 실패자들이 있다. 감원대상으로 올라가는 40-50대의 사람들이다. 이들은 구조조정, 감원을 통해 정년까지 직장에서 채우지 못하고 나온 사람들이다. 그중에는 개인의 무능력, 게으름, 자기계발 노력미흡으로 회사에서 밀려났다고 말하기 어려운 사람들이 많다. 직장생활을 열심히 했어도 회사가 하루아침에 부도가 나면 실직자가 되는 것이다. 직장을 나오면 뭘 하고 살아야 하느냐는 문제에 시달린다. 취업 실패자는 대학은 나왔지만 아직까지도 취업에 실패한 사람들이다. 20-30대의 청년 실업자들이 100만 명에 이른다고 한다. 이중에는 신용 불량자가 되어 금융권에서 아예 소외된 사람, 정상적인 사회생활에 적응하지 못하고 있는 젊은이만도 부지기수다.

깨지는 가정

이러한 경제생활 실패자들은 가정실패를 불러온다. 투자실패, 사업실패, 직장실패로 수많은 가정이 무너지고 있다. 요즈음 부부갈등은 돈 문제, 경제생활 문제에서 출발하는 경우가 대부분이다. 아내가 남편의 경제적 무능력에 대해 불평하거나 비난할 경우 이는 남성으로서의 자존심에 상처를 입히게 된다. 그러면 남자는 그 불만이나 스트레스를 술이나 도박 또는 아내가 아닌 다른 여자에게서 얻는 일탈행위로 풀려고 한다. 그럴수록 아내의 불만과 거부감은 커져간다. 일반적으로 여성들은 남자가 바람을 피우는지 아닌지를 느낌으로 안다고 한다. 그것이 여성만이 가지는 육감일 것이다. 왜냐하면 무의식은 무의식으로 통하기 때문이다. 그러면 아내의 마음속에는 배신감으로 인한 분노가 자라나게 된다.

이러한 분노는 어떤 형태로든 표출될 수밖에 없다. 표출되지 못하면 우울증이나 육체의 병으로 갈 수밖에 없다. 결국 아내가 분노를 표출하면서 남편에게 대들게 되고, 이러다 보니 감정적으로 격앙된 남자는 손이 올라간다. 때리는 것도 처음 시작하기가 어렵지 한두 번 하다 보면 익숙해지고 이것이 바로 습관이 된다. 이 정도 상태까지 가면 결국 이혼 얘기가 나오고 이 상태에서 좋아지지 못하면 이혼을 하는 것이다.

갈라서는 쪽으로의 선택은 사회에 이혼하는 성향이 높아질수록 가속도가 붙게 되어 있다. 사회풍조가 이혼하는 경향으로 가면 사람들은 너나 할 것 없이 이 길을 쉽게 선택하려 한다. 그런데 이혼이 미치는 파장은 당대에 끝나지 않는다. 부모의 이혼은 자녀들에게 영향을 미친다. 그리고 그 자녀의 삶도 실패할 가능성이 높아지기 때문에 이혼 문제의 심각성이 있다. 인간관계에서 가장 깊은 미움의 골이 생길 수 있는 곳이 바로 가족관계가 아닌가 싶다.

아프리카에서 굶어 죽어 가는 아이들을 위해 기부를 하는 사람이 자기 가족들과는 원수처럼 지내면서 아예 관계를 끊고 살아가는 사람이 있다. 대표적인 경우가 원수처럼 지내는 고부지간이다. 그리고 한 집에 살면서도 아예 남남으로 미움 속에서 살아가는 부부들이 얼마나 많은가? 자식이 원수라는 말처럼 자식과 원수 관계처럼 지내는 부모들도 얼마나 많은가? 가족

갈등의 악순환으로 빚어지는 이혼은 대물림된다고 말한다.

정신 질환자들

가정실패는 가족 구성원을 정신 질환자로 만든다. 가정에서 실패하는 수많은 사람들은 자살 충동에 빠지고 있다. 최근 연이어 발생하는 유명 연예인들의 자살사건은 남의 일만이 아니다. 최근 통계에 따르면 한국 내에서 매일 자살하는 사람이 평균 33명에 이른다고 한다. 이제 자살은 한국인의 사망원인 중 4위에 랭크되고 있다. 암, 뇌혈관계 질환, 심장병에 이어 자살이 높은 사망원인이 되고 있다. 그런데, 20대와 30대에 있어서는 사망원인 1위가 바로 자살이다.[23]

자살충동에 이어 우울증 문제도 많은 사람들이 앓고 있는 정신질환이다. 전 국민 중 500만 명 가까운 사람이 우울증 증상을 앓고 있다고 한다. 대한민국 주부의 44.6%가 우울증을 앓고 있으며 이중 12.3%가 자살을 생각해 보았다고 한다. 우울증과 함께 중독의 문제도 심각하다. 알코올, 마약, 술, 성, 게임 중독 등 갖가지 중독이라고 부를 만한 증세에 빠진 사람은 심각한 규모이다. 이 시대가 그만큼 어려운 정신적 질환을 앓고 있는 것이다. 매일 술을 마시지 않으면 안 되는 알콜 중독자가 전 국민의 5%에 이른다고 한다. 그리고 성인 다섯 명 중 한 명꼴인 21.7%가 알콜 중독을 앓고 있다고 한다. 성인 알코올 중독자 비율은 미국의 13.7%, 독일의 13.1%보다 높은 수치이다. 그리고 마약사범만 1만 명에 이른다고 한다.

성 중독도 심각한 문제이다. 전국 40만 개소에서 성매매에 종사하는 여성은 150만 명에 이른다고 한다. 사이버 성 중독자는 인터넷 이용자의

15%에 이른다고 하며, 도박 중독자는 240만 명에 이른다고 한다.[24] 인터넷 포르노 사이트에 정기적으로 출입하는 사람, 게임 중독의 문제는 우리와 관계없는 남의 얘기가 아니다. 중독자란 어떤 것을 하지 않으면 못 견디는 양상까지 간 사람이다. 자신을 전혀 통제하지 못하는 사람들이다. 왜 이렇게 중독자가 양산되는 것인가? 물질적으로 사는 것은 나아졌는데 사람들의 정신적 삶은 더 피폐해져 가는 것이다.

부정적 감정의 전이

오늘날 우리는 끝없는 경쟁 속에서 수많은 스트레스 상황으로 내몰리며 살아가고 있다. 아이들의 입시경쟁, 취직경쟁, 고수익 투자경쟁은 계속되고 있다. 끊임없는 경쟁과 생존싸움은 개인적으로는 스트레스를 주고, 사회적으로는 끊임없이 승자와 패자를 만들어 내며 양극화를 심화시켜 간다. 스트레스와 실패의식, 양극화가 커질수록 사람들 간에 시기와 질시감이 커져간다. 나는 실패했는데 왜 저들은 성공한단 말인가? 실패의 원인을 자신으로 돌리기보다는 타인에게로 그리고 사회의 구조와 제도로 돌린다. 그리고 그들을 미워하게 된다.

이러한 감정이 심해지면 감정통제가 안 되고 외부적으로 표출된다. 세상에 대해 욕을 하면서 그냥 갑자기 주위에 있는 사람들을 죽이고 싶다는 분노가 팍팍 솟구쳐 오르는 사람들이 생겨나게 된다. 우리는 주변에서 화염병을 던지는 직업적 투쟁꾼의 모습을 자주 본다. 거부와 투쟁에 온몸을 불사르는 사람들이다. 그들의 주장이 일리가 있고 타당할 수 있다.

그러나 거부하고 반대하고 욕하고 비난하고 투쟁할수록 미움의 에너지는 증폭된다. 설령 그들의 얘기가 이성적으론 옳을 수 있어도 그런 방법은 문제를 해결하지 못한다. 미움은 미움을 만들어 내고 끝없는 대립과 반목의 악순환을 만들어 낼 뿐이다. 한국인의 대표적 정서가 분노라고 한다. 내면이 걱정, 불안, 분노, 상처, 두려움, 피해의식, 열등감에 물들어 갈수록 이러한 감정은 바이러스와 같이 사람들을 좀 먹어 들어간다.

한계선상에 서 있다고 해서 모두가 불행한 것은 아닐 것이다. 경제적 환경에서는 힘들고 어려울지라도 마음만은 풍요할 수도 있다. 비록 세상은 지옥이지만 우리 마음은 천국으로 살아갈 수도 있다. 환경은 위기로 치달아 갈 것이다. 그러나 위기와 재앙, 고통 속에서도 천국을 그리며 살아가는 마음이 필요하다. 행복이란 무엇인가? 그것은 우리 밖에 있는 것이 아니고 우리 안에 있는 것이다. 우리 마음 안에 행복이 있는 것이다. 가까운 사람들과의 관계에서 조그만 것에 감사하며 사는 것이 행복이다. 감사하는 것, 기뻐하는 것, 자족하며 사는 것이다. 그것이 어떻게 가능하단 말인가? 방법은 개인적으로는 신앙으로 살아가는 것이다. 그리고 사회적으로는 따뜻한 자본주의 사회가 되어 이들을 돕는 수밖에 없을 것이다.

감정적으로 용납받기

사람들은 왜 교회에 오는가? 이 질문에 대한 답은 다양할 것이다. 그러나 교회를 찾는 사람들의 대부분은 한 마디로 세상 사는 게 힘들어서 교회를 찾는 것이다. 많은 이들이 격려받고 위로받고 싶어 한다. 그래서 목사는 그들에게 용기를 주어야 한다. "당신은 할 수 있다. 당신에게는 능력이 있다. 당신은 다시 일어설 수 있다."라며, 그리고 "하나님이 도와주신다."라며 그들의 연약한 무릎을 일으켜 세워 주어야 한다. 사람들이 진정 원하는 것은 용기와 격려, 관계와 인정이다. 그러기 위해서는 먼저 자신에 대한 자긍심, 긍정적인 자화상을 가지도록 해야 한다.

그러나 아무리 이런 얘기를 되풀이해도 자기 속에 있는 부정적인 감정들이 아물지 않고 마음의 상처로 남아 있을 때 사람들은 또 넘어지고 만다. 머리로는 치유되고 달라졌다고 하면서도 내 감정으로는 내 손발로는 내 태도로는 달라지지 않는 것이다. 어떻게 하면 이러한 모습에서 달라질 수 있을까?

그것들에서 벗어나기 위해서는 그 사건이 주는 연결고리, 영향으로부터 단절되어야 한다. 좋은 방법 중의 하나는 그때로 돌아가서 다시 겪는 것이다. 그 억울함과 원통함, 거절감을 되새기며 하루 종일 방에 들어박혀 우는 것이다. 치료방법 중 하나는 그때의 얘기를 상담자이든, 의사이든, 누군가에게 그대로 남김없이 다 얘기하면서 감정의 북받침을 그대로 겪는 것이다. 몇 시간이고 우는 것이다. 그리고 나를 치료해 주시고 회복시키시는 참 부모이신 하나님 아버지를 바라보는 것이다. 그리고 깊게 묵상하는 것이다.

특별히 우리 한국 사람들은 그 내면에 부모에게 물려받은 상처들이 있다. 부모에게 들었던 수많은 욕설과 저주들이 있다. 그 부모들도 자신의 부모에게 받은 고통과 분노, 미움과 한으로 일그러진 아버지 상들이 있다. 이런 것들이 하나님 아버지를 아는 데 장애물이 되고 있다. 미움이 있는 사람이라면 내 속에 있는 그 모습들을 보면서 용납하시는 하나님을 바라보아야 한다. 자신의 피를 흘리기까지, 자신의 생명을 내어 주기까지 우리를 사랑하시는 그리스도의 사랑을 깊게 묵상하는 것이다. 분노로 고통받는 사람이라면 먼저 이러한 나의 모습을 용납해 주시는 하나님을 묵상하는 것이다. "내 원수의 목전에서 내게 상을 차려 주시고 기름을 내 머리에 부으셨으니 내

잔이 넘치나이다"(시 23:5)라는 말씀에 드러난, 이런 하나님을 묵상하는 것이다. 그러면 그 사랑 때문에 미워하는 사람들을 용서할 수 있게 된다. 나의 사랑 때문이 아니라 하나님 아버지의 사랑 때문인 것이다.

사랑의 ABCD

이 시대 갈등하고 대립하는 현실 속에서 사랑이란 무엇인가? 사랑의 기초로서 A, B, C, D가 있다고 한다. 제일 먼저 나오는 A는 Accept(받아들임, 용납)이다. 있는 모습 그대로 받아들이는 용납이 사랑의 첫 걸음이다. B는 Believe(믿어 주는 것)이다. 상대를 일단 믿어 주는 것이 사랑이다. C는 Care(돌보아 주는 것)이다. 상대가 약하고 병들었을 때, 힘들어 할 때 잘 돌봐 주는 것이 사랑인 것이다. D는 Desire(기대해 주는 것)이다.

이 시대 사랑의 모습이란 첫째 서로 다른 것을 있는 그대로 받아들이는 것이라고 말하고 싶다. 다른 것을 받아들이는 게 사랑이다. 가족뿐 아니라 교회, 직장 사람들 간에서 갈등을 줄이는 방법도 서로가 다르다는 것을 얼마나 인정하는가에 달려 있는 게 아닐까 한다. "고양이는 쥐를 좋아하지만 사랑하지는 않는다."라는 말이 있다. 여기에 사랑하는 것과 좋아하는 것의 차이가 잘 드러난다. 고양이가 쥐를 좋아하는 것은 먹이로 삼으려는 이기적 필요에서 나온 것이다. 반면에 절대 사랑하지는 않는다. 이처럼 좋아하는 것은 자기 중심적인 것이고 사랑하는 것은 자기 중심적이 아니다.

나는 집에서 강아지를 한 마리 키우고 있다. 강아지 이름이 똘망이인데, "똘똘하다."라고 해서 이름을 그렇게 붙였다. 똘망이는 지금 8살이 지난 푸들 암컷이다. 생후 3개월부터 우리 집에서 키웠다. 그런데 우리 집에는 이 개가 처음은 아니었다. 홍역으로 죽은 경우도 있었지만 내가 못 견뎌서 내보낸 경우도 있었다. 내 아들은 개를 너무 좋아한다. 아예 밤에 데리고 잘 정도이다. 그런데 나는 개를 별로 좋아하질 않았다. 특히 개가 똥오줌 못 가리는 것을 참을 수 없었다. 침대에 올라오는 건 더욱 질색이었다. 그래서 개를 좋아하기가 쉽지 않았다. 그런데 어쩔 수가 없었다. 아들이 너무 좋아하니까 나는 싫지만 아들 때문에 노력해서 이제는 개를 상당히 좋아하게 되었다. 이처럼 내 중심적으로 사람을 대하지 않는 것, 상대가 원한다면 내가 별로라도 기꺼이 해 주는 것 그게 사랑이 아닌가 싶다.

두 번째로 '사랑한다'는 것의 구체적 모습은 사람들을 대할 때 일단은 먼저 상대를 믿어 주는 것이다. 내 경험에 따르면 미국의 보편적인 중산층 백인들은 일단 사람이 무슨 얘기를 하면 처음에는 그대로 받아들이는 것 같다. 물론 다 그런 것은 아니다. 올라갈수록 인종차별이 있다. 내가 경영학 석사과정으로 공부한 곳이 미국 조지워싱턴경영대학원이었다. 이 학교는 워싱턴의 백악관 바로 옆에 자리 잡은 관계로 미국 기업체 및 연방정부 공무원들이 많이 와서 학위공부를 하였다. 이곳에는 외국학생들이 많았는데, 특히 한국, 일본학생들이 많았다. 이곳에서 백인들과 경쟁하면서 공부하다 보니 미국 학생들은 기분 나쁠 때 아시아계 학생들을 친키(Chinese Monkey)니 잽스(Japs)니 모욕적인 표현을 하면서 무시하는 경우가 있었다.

하지만 미국생활에서 정말로 감동받은 사건이 있었다. 1988년도 봄이었다. 내가 그곳에서 봄 방학 때 텍사스 달라스에 있는 처고모 집에 다녀오려고 일찍부터 계획을 하였다. 그래서 비행기 값을 싸게 사려고 세 달 전에 표를 예약했다. 미국 항공사의 비행기 표에는 변경불가(unchangeable), 환급불가(unrefundable)라는 조건으로 상당 기간 전에 예약할 경우 아주 싸게 파는 표들이 있다. 그래서 싼 표를 미리 예약해 두었다. 그런데 봄 방학 때 대우그룹의 김우중 회장이 명예박사 학위를 받으러 온다고 그 기간에는 학교를 지켜야 한다는 소식이 왔다. 그래서 달라스 방문을 포기하고 표 값을 날릴 지경이 되고 말았다. 가난한 유학생인지라 돈을 조금이라도 돌려받을 수 있을까 하여 전문가에게 물어보았다. 그랬더니 이런 표의 경우도 불가항력적인 일로서 부득이함이 증명되면 환불이 가능하다는 것이었다.

그래서 궁리를 한 결과 당시 아들이 2살이었는데 감기에 걸려 있는지라 입원에 준하는 진단서를 가져가면 될 것 같았다. 당시 내가 다니던 한인교회의 여의사한테 가서 사정설명을 하니까 처음에는 "안 된다."라고 하였다. 그런데 나중에는 가난한 유학생 사정을 봐주어서인지 폐렴으로 전이되어 입원해야 한다는 진단서를 써 주었다. 그리고 그 진단서를 가지고 항공사 대리점으로 갔더니 창구 직원이 이를 보자마자 "Sure!" 하면서 환불을 해 주었다. 그 당시 3백 불 정도 되었는데, 바로 그 항공사가 델타항공이었다. 사실은 거짓으로 진단서를 떼어갔으니 정직하지 못한 짓을 했는데 이를 액면 그대로 받아 주는 직원의 모습을 보고 나는 스스로 부끄러움을 느꼈다. 그러면서도 "이 사람들이 일단은 사람을 믿어 주는구나!"하고 생각하면서 감동을 받았던 적이 있었다.

사랑의 세 번째 모습은 상대를 돌봐 주는 것이다. 어느 분한테 이런 얘길 들었다. 그분은 미국에 살 때 언젠가 자동차에 기름을 채운다는 것을 깜빡 잊었다. 그리고는 한적한 시골의 고속도로에 접어들었는데 중간에 기름이 떨어져 결국에는 차가 서 버렸다. 그래서 자동차를 도로 노견에 갖다 세우고는 도움을 기다리고 있었다. 얼마 후 어느 차가 오더니 차 안에서 노인 분이 내리셨다. 사정을 말했더니 노인 분은 그분을 차에 태우고 한참을 가더니 주유소를 찾아 기름통에 기름을 넣어 주셨다는 것이다. 그래서 그분이 너무 감사해서 기름 값을 포함해서 비용을 드렸더니 그 노인 분이 거절을 하셨다는 것이다. 그리고 하는 말이 "정 갚고 싶거든 다음에 당신의 도움을 필요로 하는 사람을 만났을 때 오늘 나에게 갚을 것을 그 사람에게 대신 갚으라."고 하셨다는 것이다.

미국에서는 이런 사람들의 행동을 'Pay it Forward'(도움받은 것을 다른 이에게 갚는) 정신이라고 부른다고 한다. 과거에 도움을 준 바로 그 사람에게 되돌려 갚는 'Pay it Back'이 아니라 미래에 만나게 될 사람에게 갚으므로 'Pay it Forward'라는 것이다. 미국인들의 초창기 청교도 정신이 이러한 곳으로 이어져 가고 있구나를 새삼 느낄 수 있었다. 이렇게 함으로써 사랑의 연쇄고리가 더 넓게 펴져 나갈 수 있구나 싶었다.

넷째로 사랑이란 상대에 대해 기대를 가지고 바라보는 것이다. 상대가 지금은 부족하고 미숙해 보여도 앞으로 나아질 것을 기대하며 그 모습을 바라봐 주는 것, 이게 사랑이다. 어느 분은 사랑에는 '참 용기'가 필요하다고 한다. '참 용기'란 무엇인가? 바로 참고, 용서하고, 기대하는 것이다. 우리도 이런 '참 용기'를 조금씩이나마 실천해 갔으면 좋겠다.

8

분열과 대립 가운데 편 가르지 않기

"내게 주신 영광을 내가 그들에게 주었사오니
이는 우리가 하나가 된 것 같이
그들도 하나가 되게 하려 함이니이다"(요 17:22).

이명박 정부에서 국회는 미디어 법, 한미 FTA 비준, 재벌에 대한 금산분리 및 출자총액 규제완화, 집회와 시위에 관한 법률, 세종시 원안추진 여부, 4대강 사업예산 문제 등을 둘러싸고 여야 간 대립을 계속 보여 왔다. 국회 의사당 점거와 해산과정 때마다 여야 간의 물리적 충돌은 극한 양상을 보이고 있다. 이처럼 오늘 우리는 서로를 향해 마주 보고 달리는 두 개의 기관차가 충돌하는 상태를 이곳지곳에서 목도하고 있다. 여와 야, 노와 사, 노와 노, 보수와 진보, 부자와 빈민, 수도권과 지방권, 전교조와 교총, 공부 잘하는 아이와 못하는 아이, 남성과 여성이 국회, 기업, 학교, 가정에서 맞붙어 싸우고 있다.

혹자는 우리 사회의 공동체 기반이 이미 무너졌다고도 말하고, 극좌적 입장에 있는 사람은 이제 본격적인 계급투쟁에 돌입한 것이라고도 말한다. 이러한 대립 각은 과거 '국민의정부', '참여정부'가 중도좌파적 성향을 지녔던 데 반해, '창의실용'을 내세우는 현 정부가 우파논리를 내세우며 국가 운용방향을 틀려고 하는 데서 더 심해지는 것 같다. 이러한 파열음은 정치권뿐 아니라 정부기관, 언론, 기업, 학교, 시민단체, 종교계 전반에서 나타나고 있다. 다만 최근 현 정부가 중도실용을 내세우고 "서민을 따뜻하게 중산층을 두텁게"라는 국정철학을 내세우면서 어느 정도 통합으로 나아가는 것으로 보이기도 한다. 국민들은 정치인을 비롯한 사회 지도층이 조정과 통합 역할을 잘 해 주기를 원하고 있으나, 실제로는 그렇지 못한 것 같다. 오히려 사회 지도층이라는 사람들이 더 둘로 나뉘어서 삿대질을 해대고 있다. 그러니 방송 뉴스나 신문은 더 이상 보고 싶지 않다. "왜 우리는 이렇게 밖에 안 되나?"라는 자탄이 나온다.

이념갈등과 대립

우리 사회는 이념적 대결을 해방 후 60년 넘게 지속해 오고 있다. 이제는 남북통일보다 내부에서의 통일이 더 어려운 현실이다. 남남갈등의 이념 골은 깊어지고만 있다. 좌우를 애기할 때, 어디까지가 '좌'이고 어디까지가 '우'인가를 구분하는 데는 전문가들도 입장이 다양하다. 정치학자들도 어느 분은 특정정책이 우파적이라고 말하는 반면, 어느 분은 좌파적이라고 말한다. 좌파적 입장이 강한 분은 중도좌파적인 정책조차도 우파적이라고 말하는가 하면, 우파적 시각을 내세우는 분들은 중도우파적 정책조차도 좌파적이라고 비난한다. 그만큼 본인의 시각이나 관점에 따라 상대적이라고 할 수 있다. 우파는 개인자유를 강조하고 시장 중심의 경제정책을 지지한다. 반면에 좌파는 평등과 공공성, 사회적 약자대변을 내세운다.

우파 쪽 경제정책에서는 개인자유와 시장경쟁, 친기업적 논리를 강조하는 반면, 좌파 쪽에서는 평등, 재벌 위주 경제극복, 농민과 노동자 보호의 목소리를 더 낸다. 외교적으로도 미국, 중국, 일본에 대해 얼마나 자주적이고 민족적 가치를 내세우느냐에 따라 정책방향이 달라진다. 북한에 대한 인식이나 근현대사 교과서 수정, 대한민국 정부의 건국 정통성, 일제잔재 청산에 대한 평가에서도 서로 간 생각이 다르다. 이처럼 근본적인 시각과 관점에서 차이가 크다 보니, 주요정책 추진 때마다 의견이 갈리고 분열과 대립, 갈등과 분쟁이 발생하고 있다.

최근에 와서는 세종시 문제와 4대강 사업으로 대립 각이 첨예하다. 세부적으로는 외교정책(한미 FTA 인준, 미국, 중국, 일본과의 6자회담 추진 관련), 대북정책(북한 핵 대응, 북한인권 문제, 식량지원, 개성공단 대처), 교육정책(3불정책, 사교육 규제, 자립형 사립고 확대, 우열반 편성여부, 학교 선택권 확대), 부동산 정책(종부세 및 양도세 완화, 아파트 분양가 규제, 뉴타운 추진), 경제정책(재정지출 우선순위, 대기업 규제완화, 공기업 개혁, 기업구조 조정. 민영 의료보험 도입, 중소기업과 농어민 보호), 세제개혁, 사회복지 정책, 노동정책(비정규직 문제해결) 등 정책전반에서 입장 차이를 보이고 있다.

현재 한국사회에서 인적규모로는 상대적 소수이지만 결집력이 높은 그룹은 좌파 쪽이다. 이들은 우파성향의 현 정부가 들어서면서 위기의식을 가졌다. 그래서 촛불집회 등을 통해 자신들의 세력위축이 일어나지 않으려고 안간힘을 쓰고 있다. 물론 좌파적이라고 불리는 세력도 내용 면에서는 다양한 스펙트럼을 가지고 있다. 그래서 그들의 성향을 어느 한 가지 특징으로 단일화하는 데는 무리가 있다. 이들은 민노당, 민노총, 진보신당, 전교조, 전농으로 대표되는 그룹으로서 노조원, 전투적 농민, 도시 빈민들이 기반이라고 할 수 있다. 물론 민노당과 진보신당 간에는 NL(민족해방)와 PD(인민민주) 간 노선차이로 결별했던 점에서 양자 간 적지 않은 차이점이 있다. 그러나 크게 보아서 이들 모두를 좌파그룹으로 보는 데는 문제가 없으리라고 본다. 반면 민주당과 대한노총 등은 좌파정당으로 보기보다는 중도좌파 내지 중도우파로 볼 수 있다.

한국갤럽이 실시한 정당별 지지율을 보면 한나라당 지지율은 2008년 한해 최저 31%에서 최고 53% 사이에서 등락을 보이고 있다. 반면 민주당은 15-18%, 민주 노동당은 5-11%, 자유 선진당은 1-4% 사이에서 오르내렸다. 이명박 대통령에 대한 지지율은 취임 초기에 최고 52%를 기록하였다. 그러나 2009년 촛불집회 때 10%대로 추락하였다가 점차 회복하여 최근에는 30-40%대를 기록한 것으로 나타났다.[25]

이를 놓고 볼 때 좌파적 입장을 지지하는 한국 내 인구비율은 대략 전체의 10-20%라고 말할 수 있다. 여기에 중도좌파 비율까지 합친다면 그 비율은 20-30%까지 된다고 할 수 있다. 물론 특정 이슈에 관해서는 좌파 내지 중도좌파를 지지하는 비율이 30% 이상을 넘어갈 수도 있다고 보인다. 중도적 성향에 있는 국민들은 사안에 따라 좌파 내지 중도좌파 쪽을 지지할 수도 있고, 중도우파 내지 우파 쪽으로 갈 수도 있다고 보인다. 즉, 우파 정치인이 잘 할 때는 우파 쪽으로 가지만, 우파 정치인들이 잘 못할 때는 좌파 쪽으로도 갈 수 있다고 보인다.

극좌와 극우의 문제

좌파그룹이 중산층과 서민을 기반으로 하면서 형평과 균형논리를 강조하는 점에서는 긍정적으로 평가해야 한다. 그러나 특정 이슈에서 폭력적으로 자신들의 주장을 관철하려 하는 데는 동의하지 않는다. 이들이 평화적이고 합법적으로 자신의 주장을 표현한다면 누가 뭐라고 할 수 있겠는가? 문제는 이들 중 일부가 지나친 과격성과 폭력까지도 불사하는 투쟁성을 보인다는 점이다. 이들 중 일부는 사회주의 건설이 그들이 생각하는 궁극적 목표라고 말하기도 한다. 얼마 전 민노당 대표선출에 나서려는 한 간부는 "민노당이 지향하는 바는 북한과 연합하여 미국에 대항하면서 노동자, 농민이 중심이 되는 사회 건설"이라고 말하기도 했다.

투쟁 지향적인 이들은 자신들의 목표가 관철되지 않는 한 물러서지 않으려고 한다. 특히 촛불집회 때 쇠고기 문제 같이 국민정서에 예민한 문제들을 가지고 중산층이 최대한 지지하도록 전략, 전술을 구상한다. 자신들 주장이 모든 국민의 이익을 대변하는 것으로 주장한다. 그리고 여기에 반대하는 사람들을 적으로 몰아세운다. 좌파적 생각을 가진 사람들이 인터넷 토론방에서 반대의견에 공격적 댓글을 다는 것을 보면 섬뜩하다는 느낌을 안 가질 수 없다. 물론 민주사회에서 자신의 의견을 주장하는 것을 나쁘다고 말할 수는 없다. 그러나 자신과 생각이 다르다고 해서 욕과 인신공격, 인격적 모독 등의 표현을 하면서 상대를 비판하는 행태는 바람직하다고 할 수 없다.

나는 지나친 우파적 입장으로서 자유주의나 시장만능주의도 지지하지 않는다. 금융부문에 대한 규제를 없애야 하고, 정부기능도 대폭 줄이면서 작은 정부로 가야 하고, 기업에 대해서는 규제를 하지 말아야 한다든지 부동산·교육·환경·복지 측면에서도 경쟁과 시장자율에 맡기는 쪽으로 가야 한다는 입장은 지지하지 않는다. 이런 시장논리만이 강조되는 극우적 입장은 당연히 승자독식, 물질만능주의, 양극화 심화를 불러올 것으로 보기 때문이다.

지연과 학연의 연고주의

　　대립과 분열이 잘 해소되지 않는 원인 중의 하나는 지연이나 학연에 따라 사람들을 줄 세우는 뿌리 깊은 연고주의 풍토 때문이다. 특별히 경쟁적인 구조에서 살아가는 정치인, 기업인, 직장인들은 지연으로 내 편과 네 편 가르기를 다반사로 한다. 이렇다 보니 경상도, 전라도, 충청도 문제가 우리 사회의 분열과 대립, 갈등을 가져오는 뿌리 깊은 요인으로 작용한다. 그리고 사람들은 어디서든지 이런 지연을 통해 동질감을 가지려 하고 서로 뭉치려고 한다. 우리 사회의 지역갈등에는 오래된 역사적 배경, 경제적 불균형, 인사 불균형, 지역개발 격차 등이 작용하고 있다. 정치인들이 이를 부추긴 것도 사실이다. 그들은 지역감정을 이용하여 자기이익을 추구하는 것이다.

　　지연 외에 작용하는 또 한 가지 연고가 학연이다. 과거정권 때마다 나왔던 TK, PK, KS 인맥들이 서로 밀어주면서 선후배들끼리 결속하였던 것을 익히 보아 왔다. 나는 고려대를 나왔지만 고려대를 나온 선후배들에게 학교 동창들을 업무에 이용하지 말라고 절대 말하고 싶다. 서로가 선후배 의식을 가지고 자기끼리 친하게 지내는 것은 좋다. 이걸 가지고 누가 뭐라고 하겠는가? 그런데 이것이 자기들 선후배끼리 밀어주고 당겨주고 하는 식으로 이용되다 보니, 다른 학교를 나온 사람들이 피해의식을 가지는 것이다.

　　이명박 대통령이 인사문제에서 공격을 받는 데도 이런 이유가 있을 것이다. 나는 대우그룹에서 인사과장으로 있을 때 가능한 한 대학동창회 모임엘 나가지 않으려고 했다. 대학동창 모임에 나가면 꼭 "누구누구가 승진 대상에 올랐냐?"는 등 비공식적 질문을 받기 때문이다. 물론 이런 현상은 우리나라에만 있는 것은 아니다. 전 세계 어느 나라나 유명한 대학에 나온 선후배들이 서로 밀어주면서 자기 그룹을 형성하고 배타적으로 자기들만의 소

사이어티를 형성한다. 문제는 이러한 지연, 학연에 의한 '끼리끼리'의 관계가 그 부류 밖에 있는 사람들에게 소외감을 갖게 한다는 점이다. 설령 차별까지는 받지 않는다 하더라도 외부 사람들에게 심리적이고 감정적인 반감을 불러오는 것이다. 이런 식의 '끼리끼리'가 사라져야 건강한 사회가 될 터인데 너무 뿌리가 깊다 보니 잘 해소되질 않는다.

뿌리 깊은 분열

우리나라 사람들은 하나로 뭉치는 것이 잘 안 된다는 얘기를 종종 듣는다. 한국 사람들은 개인적으로는 탁월한데 집단으로 모이면 하나가 되지 못한다는 얘기를 계속 들어왔다. 어느 조직, 어느 단체이든지 보이든 보이지 않든 내부적으로 분파가 형성된다는 얘기도 끊임없이 나온다. 정치인들 세계에서는 이러한 성향이 극명하다. 구파와 신파, 보수파와 진보파, 중도파, 정통파와 수정파 등 늘 이런 표현들이 따라 다닌다. 정치인들은 상황에 따라 이편에 붙었다 저편에 붙었다 철새처럼 왔다 갔다 하는 것이 심하다.

기업에서도 그렇다. 누구 쪽 사람이라는 식의 구분이 보이지 않게 형성된다. 기업 인수합병이 있을 경우, 이런 현상은 더 심해진다. 직원들이 서로를 점령파, 피점령파로 나눈다. 외국에 살고 있는 교포들의 경우도 이런 얘기는 비일비재하다. 한인회장 자리가 뭐 그리 대단한 건지 이 자리를 놓고도 경상도와 전라도로 나뉘어 서로 대립한다.

종교계도 그렇다. 신앙으로 모였다는 교회도 얼마나 나뉘어 있는지 모른다. 이름을 알 수 없는 수많은 교단으로 나뉘어 있다. 어디는 00예수교단, 어디는 00기독교단이라고 부른다. 한국의 기독교계에서는 예수와 그리스도가 서로 나뉘어 싸운다는 말이 나올 정도이다. 지난 해 감리교단에서 감독선거를 놓고 빚어진 분열과 싸움은 보는 사람 모두에게 혀를 내두르게 하였다. 개신교를 예로 들어 그렇지 다른 종교도 다르지 않다. 오히려 종교계는 독특한 신념구조 때문에 분열에 따른 대립양상이 더 심각할 수도 있다.

직장인 중에도 어디에 가서 줄서야 하는지를 아주 잘 파악하는 체질적으로 영리한 사람들이 있다. 이런 사람들은 어디에서든지 힘 있는 자가 누구인지를 알아서 거기에 가서 붙으려는 성향을 보인다. 이것을 두고 조직 내에서의 줄서기 풍토라고 한다. 이들은 사회생활에서 "어느 분을 윗사람으로 모실건가?"를 잘 판단하는 것이 출세가도에 결정적이라고들 한다. 그래서 "줄을 잘 서야 출세한다."라는 얘기들을 한다.

우리는 그간 역사적으로 수없이 많은 분열경험들을 가지고 있다. 신라, 백제, 고구려로 나누어진 삼국시대 이래로 헤아릴 수 없는 많은 사건들이 있다. 한국역사 전체에 걸쳐 900여 회에 이르는 외침과 내전을 겪을 때마다 분열의 문제가 제기되지 않았나 하는 생각이 든다. 우리에게 쳐들어온 민족들은 대부분 우리보다 힘이 강한 민족들이었다. 그래서 그때마다 항전을 해야 할지 아니면 무릎을 꿇는 수모를 감당해야 할지에 대해 분파가 나뉘어졌던 것은 아닌가 싶다. 병자호란 때 항전파가 화친파를 배신자로 몰면서 민족적 자존심마저 버리는 무리들로 매도했던 상황이 되풀이 되었던 것은 아닌가 싶다. 물론 하나로 힘을 합쳐 끝까지 항전한 경우도 있었다. 그러나 그것이 결국은 장렬한 전사 내지 모두의 몰살이라는 비극으로 끝났는지 모른다. 화친파로 불리며 항복을 주장하던 부류들도 살아남기 위해서는 어쩔 수 없는 선택이었다고 말할 수 있다. 결국은 이러한 상황 속에서 하나로 힘을 합쳐 뭉치는 경험을 하기보다는 대응책이 갈라지는 경험들이 쌓여 갔던 것 같다.

이러한 분열의 맥은 19세기 말에 이르러 개화파, 척화파의 대립으로 되풀이되었다. 그리고 20세기 초에는 친일파, 친청파, 친미파, 친노파 등의 분열과 대립으로 나타났다. 해방 이후에는 임정파, 해외파, 국내파로 이어졌다. 그리고 좌파, 우파로 나누어지고 말았다. 결국은 이것이 민족 최대 비극인 남북분단과 동족상쟁 전쟁으로 이어지고 말았다. 대화와 타협, 공존이 아니라 결국에는 총을 들고 서로를 죽인 것이다. 극한적인 미움과 원한 때문에 죽창과 총칼로 서로를 잔인하게 학살하고 만 것이다.

현재도 한쪽에서는 친미를 한쪽에서는 반미를 얘기하는 정치현실을 보면 해방 후의 좌우대립 양상이 그대로 반복되는 것 같다. 이러한 분열과 대립이 비극적인 파탄으로 끝나지 않고 서로 타협 내지 공존하는 것으로 이어지는 경험이 더 많았다면 우리 역사는 좀 달라졌을지 모른다. 일본은 우리나라를 식민지로 지배할 때 이런 분열양상을 자기들의 지배구조를 정당화하기 위한 논리로 사용하기도 했다. 그들은 이를 반도근성이라고 했다. 그들은 한국인들의 대표적인 분열성향을 조선시대의 사색당파에서 찾았다. 남인북인, 노론소론 등이 유학의 입장 차이를 가지고 서로 나뉘어 "내가 옳으니 네가 옳으니" 논쟁을 벌이며 싸웠다. 그것이 결국은 주도권 쟁탈로 이어지고 한쪽이 권력을 잡으면 다른 쪽을 없애 버렸다. 여기에 원한을 품은 한쪽이 새기를 버르다가 권력을 집으면 또다시 과거의 가해자 측을 잔인히게 보복하였다. 소위 삼족을 멸한다는 식의 보복이었다. 이런 우리 역사의 아픈 경험들은 후대에까지 영향을 미치는 것 같다.

심리학자 카를 융(Carl Gustav Jung)이 말하는 개념 중에 '집단 무의식'이란 것이 있다. 이는 특정집단에게는 무의적으로 전해 내려오는 기질이나 감정이 있다는 것이다. 우리 한국인에게는 그것이 분열성향이 아닌가하고 느껴지기도 한다. 물론 다른 나라의 민족도 이런 경험을 했겠지만 우리

나라 경우는 약소민족으로 유난히 당한 경험이 많기 때문에 이점이 더 심하지 않았을까 하고 생각된다. 일본의 역사학자들이 말하는 우리 민족의 분열 성향이라는 것도 돌아볼 필요는 있다고 생각된다. 비록 자기들의 식민지 지배를 위해 만든 논리이기는 하지만, 우리 자신이 이러한 점을 인식하고 있다면 오히려 이를 극복할 수 있기 때문이다. 우리나라가 잘 살게 되면서 연고주의에 기반을 둔 분열과 차별은 과거보다 나아진 점이 있기도 하다. 그러나 아직도 여전하게 남아 있다고 할 것이다.

중도세력 두텁게 하기

우리 속담에 "사촌이 땅을 사면 배가 아프다."라는 말이 있다. 그리고 직장인 사회에서는 "튀면 안 된다."라는 말이 있다. 튀는 사람은 주위에서 질시하여 결국은 없애 버린다는 것이다. 벤처 분야에서 망한 어느 사람은 고생 끝에 신기술을 개발하여 무엇을 해 보려고 하면 주위의 경쟁자들이나 언론, 공무원들이 살려 주질 않았다고 말한다. 잘나가는 사람을 칭찬해 주고 박수쳐 주고 살려 주기보다는 더 이상 크지 못하도록 한다는 것이다. 물론 어느 사회나 역사에도 이런 성향은 있다. 결국은 너나 나나 모두가 힘든 세상을 살아왔으니 남을 받아 줄 여유가 없는 것이다. 민주사회에서 각 개인은 다양한 정치적 입장을 가질 수 있다. 그것이 극좌이든, 극우이든 나와 생각이 다르다고 해서 특정 견해가 잘못되었다는 식으로 매도할 수는 없다.

그러나 한 사회가 건강하게 유지되려면 정치적 입장에서 중도그룹이 두터워야 한다고 생각한다. 극좌와 극우는 서로가 자신의 이념을 현실화하려 할 때 반드시 충돌할 수밖에 없다. 서로가 공존할 수 없다. 그래서 중산층이 두터워야 사회가 안정적으로 유지되듯이, 정치적으로도 중도세력이 두터워야 극좌나 극우로 쏠리지 않는다. "극우는 너무 부패하고, 극좌는 너무 철이 없다."라는 말처럼 극단주의는 경계해야 한다.

문제는 갈등이 첨예화되는 시점에 가면 사람들은 아군과 적으로 나누어진다는 점이다. 그리고 쉽사리 극단으로 쏠리고, 극단론자의 선동에 넘어가는 것이다. 그리고 중간에서 양자를 공존시키면서 통합하려는 사람들은 이것도 저것도 아닌 회색인, 변절자, 기회주의자로 몰린다는 점이다.

앞으로 한국사회를 이끌어 갈 정치적 리더들이 가져야 할 이념적 성향은 중도적 입장이 바람직하다고 본다. 이런 점에서 최근 현 정부의 슬로건이 "서민을 따뜻하게, 중산층을 두텁게"로 내세워진 점은 공감하는 바가 크다. 진정으로 현 정부가 서민과 중산층을 위한 정책을 개발하고 실천하기를 기도하게 된다. 그리고 지나친 우파나 좌파 지향적 입장들은 반목과 대립, 결국에는 또다시 나라를 두 동강 내는 쪽으로 몰아가고 말 것이다.

오늘의 정치 문제는 중도적이고 통합적인 리더가 힘을 발휘하지 못하기 때문이라고 볼 수 있다. 문제는 좌와 우로 양분되면서 편 가르기 싸움이 심해지면 결국은 비극으로 끝난다는 점이다. 결국 이러한 비극을 되풀이 하지 않으려면, 극단주의로 가지 말고 타협과 통합으로 나아가야 한다. 정치적 입장에서도 좌우 양쪽에 치우치지 않는 중도와 통합의 지세를 견지하는 것이 필요하다. 우리 개인 각자도 일상생활에서 지연이나 학연 등을 내세우거나, 사람들을 자기편, 상대편으로 나누면서 편 가르기를 하는 행태들을 버려야 할 것이다.

'하나 되라'는 당부

예수님은 로마병정에게 잡히시기 전 제자들에게 고별설교를 하셨다. 예수님의 고별설교 중 마지막에 하신 핵심 내용은 제자들끼리 '하나 되라'는 말씀이셨다. '하나 되라'는 것은 자기이익과 욕심으로 서로 간에 분열되지 말라는 말씀이다. 바로 분열이 죄인 것이다. 예수님은 "아버지께서 내 안에, 내가 아버지 안에 있는 것 같이 그들도 다 하나가 되어 우리 안에 있게 하사 세상으로 아버지께서 나를 보내신 것을 믿게 하옵소서"(요 17:21)라고 말씀하셨다.

그래서 우리 크리스천들은 가능한 사람들을 대할 때 연고에 따라 구분하기보다는 똑같이 대해야 한다. 서로가 서로를 인정해 주고 서로의 장점에 대해 공감해 주어야 한다. 그리고 비기독교인과 기독교인들을 의도적으로 구분하여 말하거나 행동하는 모습은 지양해야 한다. 나아가 차이점보다는 그리스도 안에서 한 형제라는 공통점을 부각시켜야 분열과 대립을 줄일 수 있다.

제 2장

일터 현장에서

하나님이 우리에게 원하시는 것은
우리 삶에 공동체성이 자라는 것이다.
공동체 정신은
가짐(To Have)의 가치보다
됨(To Be)의 가치를 더 중시한다.
이곳에는 나눔이 있다.
여기에는 돌봄과 섬김이 있다.
경쟁의 가치보다는 협력의 가치를 더 중시한다.

포스트모던 문화 속에서 정체성 지키기

"너희는 이 세대를 본받지 말고
오직 마음을 새롭게 함으로 변화를 받아
하나님의 선하시고 기뻐하시고 온전하신 뜻이 무엇인지
분별하도록 하라"(롬 12:2).

요즈음 세상을 살아가는 사람들의 모습을 '포스트모던(Post Modern)'이라는 용어로 표현한다. 포스트모던은 철학과 문화, 학문, 지식, 경제, 경영 모든 분야를 아무르는 현대사조가 되고 있다. 포스트모던에는 다양한 의미가 내포되어 있어 한 마디로 정의하기가 쉽지 않다.

그러나 포스트모더니즘의 특징으로 첫째 절대적 가치의 부정, 둘째 상대주의적 가치관, 셋째 나 우주주의(I Universalism)적 행태를 들 수 있다. 포스트모던론자들은 절대적 가치를 거부한다. 인간에게 관심이 집중되기 때문에 신적 존재에는 별 관심이 없다. 진리나 학문, 지식은 상황과 여건에 따라 달라지는 것이며 상대적인 것이고 변한다는 것이다. 따라서 영원불변한 절대적 가치는 존재하지 않는다고 말한다. 그리고 내가 우주의 중심이라고 말한다. 세상에는 사람 수만큼의 우주가 존재한다고 말한다. 첨단 IT

기술로 만들어진 매트릭스 상의 가상공간에 들어가면 내가 중심이다. 내가 그 모든 것을 조종하는 것이고 내 마음대로 조작할 수 있다. 단어 몇 자만 치면 전 세계의 정보가 내 앞에 나타나고, 나를 중심으로 전 우주의 지식이 돈다. 그러니 내가 좋으면 좋은 것이고 내가 나쁘면 나쁜 것이다.

이처럼 포스트모던 문화에서는 가치와 사고가 나 중심이어서 TV 리모컨 돌리듯 내 마음대로의 스타일이 강해진다. 그런데 문제는 이런 생각이나 행동이 몇몇 철학자들에 머무르지 않고 대부분의 젊은이들을 지배한다는 데 있다. 특히 자녀가 하나, 둘밖에 없는 가정에서 귀하게 자란 아이들이 이런 성향이다.

절대적 가치 거부

포스트모던은 상대주의적 가치에 따른 다양성을 강조한다. 오늘날 사람들 삶의 행태를 보면 百人百色의 시대를 넘어 一人十色의 시대이다. 사람마다 제각기라서 서로 다른 것은 물론이고 한 사람의 경우도 어제와 오늘이 다르다. 회식장소를 정하려 해도 한식, 일식, 중식, 양식 등 모두가 제각기이다. 현상을 바라보는 것에도 생각이나 입장, 시각, 대안이 다 다르다.

정치적 입장에서도 다양성이 많아 백가쟁명이다. 그러니 개인주의적 성향이 더욱 심해진다. 단일성향의 집단적 색깔은 약해진 반면, 총 천연색 개인적 색깔이 두드러진다. 또한 복합적이다 보니 퓨전(Fusion) 스타일도 늘어난다. 퓨전적인 음식, 옷, 영화가 유행을 탄다. 자장면과 짬뽕을 함께 먹을 수 있는 짬짜 스타일도 나온다. 혼합적이라서 좋다는 것이다. 현대와 고대, 서양과 동양, 애니메이션과 실제 촬영이 함께 섞이는 것이다. 그렇다 보니 현상분석이 복잡해지고 몇 가지로 단순화시키기 어렵다. 조직 내에서도 어느 한 개인이 자기 중심적이거나 독재적으로 끌어가기 어렵다. 그럴 경우 반발이 나온다. 나설수록 욕먹기 쉽다, 그러니 사회적, 정치적인 이슈를 놓고 결정해야 할 때는 결국 여론조사가 중요해진다. 정부도 정책결정에서 여론조사에 신경을 쓰고 여론을 따라 간다.

개인과 조직문화의 다양성

사람들의 가치관이나 행동양태, 생활양식 면에서 다양화 현상이 심화되고 있다. 지금 우리가 살고 있는 세상은 일반적으로 어떻다는 얘기를 하기가 어려운 시대이다. 한 마디로 아울러서 이렇다는 얘기는 틀릴 확률이 높다. 남녀별로 다르고, 세대별로 다르고, 지역별로 다르고, 직업에 따라서도 다르다. 그야말로 생각하는 사고방식, 느끼는 감각, 행동하는 양태가 천태만상이다.

20-30대의 직장인들은 뭔가 자신을 다르게 연출하는 데 관심을 쏟는다. 자신만의 독특한 것, 자신의 개성, 자신만의 특별함을 강조한다. 남과 같은 깃은 싫어힌다. 니만의 무엇인가를 찾고 싶어 한다. 따라서 엄격한 조직규율에서 일률적이고 획일적으로 사고하며 행동하라는 군대식 지시는 통하기 어렵다. 나이가 젊을수록 남들과 달리 뭔가 튀고 싶어 한다. 옷차림도, 머리모양도, 말투나 용어에서 뻔뜩거리는 끼를 발휘하고 싶어 한다. 요즈음의 신세대는 집단주의적 가치가 제일 강하다는 군대 내에서조차 자기 신용카드를 가지고 음식을 사먹고, 휴가 외박 시에는 자기 차를 타고 외출하여 호텔에 투숙하는 양태를 보인다. 이들은 통일되고 조정, 주입된 가치

보다는 개인의 자율중시, 자유 발랄한 개성을 좋아한다. 그래서 함께 근무하고 함께 출퇴근하며 함께 살고 함께 죽는다는 공동체적 가치는 희미해지고 있다.

이러한 다양성에서 조직문화도 자율성과 다양성을 존중하는 방향으로 나가고 있다. 그리고 앞으로도 더욱 그럴 것으로 보인다. 또한 그런 방향으로 조직관리 시스템도 구축되고 있다. 과거 규율 중심으로 직장인들을 통제하려 했다면 이제는 보다 자율적인 근무 분위기가 만들어지고 있다. 일률적인 근태관리와 출퇴근 시간, 동일한 복장착용, 억압적인 회사규율 등은 직장인의 창의성 개발과 업무성과 향상에 도움이 되지 않는다고 말한다. 오히려 자율근무 시간제, 재택근무 등이 성과향상에 도움이 된다고 한다. 이는 표준화와 안전, 규율을 강조하는 제조업, 중화학 장치 산업 분야까지도 적용되고 있다.

CJ 그룹 계열사와 같이 평상복 차림으로 출근하는 직장, 직위 호칭을 부르지 않는 기업문화는 이런 개인 지향과 다양성 흐름을 잘 나타낸다. 이러한 개인주의는 경제적 측면에서 시장경제상의 경쟁논리 강화와도 연결된다. 개인 간의 경쟁을 강화시키고 능력 있는 자는 더 높은 대우를 받는다는 시장 지향적 경쟁논리가 강해지는 것이다. 전통적으로 규율을 강조하던 제조업체들도 과거의 종신 고용제, 연공 서열제 형태에서 벗어나 능력 차등제의 인사구조로 바뀌고 있는 점에서 공통적이다.

표준화보다는 차별화

과거의 산업화 사회에서는 개인의 의식과 행동에 있어서 통일성을 요구했다. 특히 한국의 전통적 유교가치에서는 한 개인이 집단 속의 한 개체로서 작용하기를 원했다. 그러다 보니 조직 내 팀원에게도 톱니바퀴와 같은 기능적 역할을 하기 원했다. 그러나 차별화 시대에서는 조직 구성원의 의식과 행동 면에서 차별성이 장려되는 사회가 되었다. 제조업이 우리 경제의 주된 부가가치를 차지할 때는 표준화가 강조되었다. 소품종 대량생산체제에서는 규격이나 품질 등에서 표준화를 추구하는 것이 경쟁력 제고와 비용절감의 길이었다.

　　그러나 오늘날은 제조업도 다품종 소량생산으로 바뀌었다. 주문자별로 차별화된 맞춤생산 성격이 강해졌다. 그리고 서비스 산업 분야에서는 뭔가 다른 독특함, 특이함을 요구한다. 제품이 독특하던지, 서비스가 다르든지, 디자인, 품질 이런 면에서 뭔가 차별되는 점이 있어야만 경쟁력을 가질 수 있는 구조이다. 건물과 기계, 설비 등의 유형자산보다 디자인, 브랜드, 지적재산 등의 무형자산이 강조되다 보니 차별화의 가치는 더욱 부각되고 있다. 나날이 쏟아져 나오는 수많은 상품과 기업광고들을 보라. 사람들의 호기심을 끌고, 구매하고 싶은 욕망을 불러일으키려면 뭔가 달라야 한다는 것이다. 그래야만 사람들이 찾고 팔린다는 것이다.

수직적 상하관계에서 수평적 네트워크 관계로

　　포스트모던의 가치는 인간관계에서도 일대 혁명을 불러 왔다. 유교적 가치의 프리 모던(Pre Modern)과 합리적 가치의 모던 사회에서는 인간관계에서 이성에 기반을 둔 상하관계가 주종을 이루었다. 부모와 자식, 선생과 학생, 상사와 부하, 선배와 후배, 노인과 청년 간 관계에서 한쪽은 가르치고 지시하는 반면, 한쪽은 가르침을 받고 명령을 수행하는 수직적 인간관계였다.

그러나 이제는 한쪽은 위에 서고 상대는 밑에 서는 그런 관계라기보다, 서로가 평등하게 상호 교류하는 관계로 흐름이 바뀌었다. 한쪽이 일방적으로 가르치기만 할 수 없다. 전통적인 한국사회에서는 장유유서(長幼有序)라는 질서가 보편적으로 받아들여져 왔다. 나이가 많은 사람이 윗자리의 역할을 하는 것을 당연시하였다. 그러나 이제는 나이가 많다고 해서 당연히 대접받아야 한다는 생각은 받아들여지기 어렵다. 어른이라고 해서 옳고 젊은이라고 해서 어른 말에 따라야 한다는 생각도 이제 더 이상 통하지 않는다. 연장자라도 합리성이나 실력 면에서 떨어지면 이제는 연하(年下)의 사람 밑에서 그에게 따라야 하는 것으로 변화되고 있다.

이런 점에서 많은 조직들이 수직적 계층조직에서 수평적 팀조직으로 이전하는 것은 불가피한 선택이기도 하다. 기업이나 공공조직에 있어서 과거의 수직적 계층조직을 어떻게 수평적인 팀조직으로 바꾸어 가야 할 것인가는 조직에서 주요한 과제가 되고 있다. 그리고 조직의 장이 구성원에게 복종만을 강요하는 식의 권위적 리더십은 사라지고 있다. 조직원에게 적극적으로 권한을 이양해 주면서 조직원의 역량개발을 위해 멘토링과 코칭을 하는 리더십이 강조되고 있다. 이러한 임파워링(Empowering) 리더십 개발은 조직의 간부들에게 계속적으로 개발해야 할 교육훈련 과제가 되고 있다.

집권화에서 분권화로

과거 기업에서는 비서실이나 기획실, 구조조정 본부 등에서 '한 말씀'

하시면 전사적으로 따라야 하는 중앙 집중형태의 집권화를 추구하였다. 중앙의 본사에서 내리는 방침이 단위조직으로서의 부서나 팀, 지사, 지점, 현지공장을 제어하였다. 국가적으로도 중앙정부 지시가 지자체를 좌지우지하였다. 권력자의 기준과 입맛에 맞추어 전체 조직원이 한 줄로 맞추어 서야 했다. 집권화는 통일성, 표준화 내지 획일화를 조장하는 경향이 강했다.

그러나 이제는 인터넷 혁명으로 웬만한 정보는 중앙이나 지방, 본사나 공장이 동시에 공유하게 되었다. 거리적 간격이 사라졌다. 사이버 공간 아래에서는 중앙이나 지방, 본사나 지사, 한국이나 해외나 차이가 없다. 실시간으로 정보를 주고받는 마당에 과거의 지시형 구조가 그대로 존속하기 어렵다. 그래서 이제는 의사결정 권한도 현지의 실행주체에게 넘어가고 있다. 중앙부처가 가지는 권한도 더 많이 지자체로 넘어갈 수밖에 없다. 기업도 더 많은 의사결정 권한을 현지 조직 책임자에게로 위양하고 있다.

힘 있는 자리라고 해서 권한을 쥐고만 있을 수 없다. 오히려 더 많은 권한을 풀어 주어야 새로운 차원의 권한이 생긴다고도 볼 수 있다. 그리하여 최고 경영자로부터 중간 관리자에게로, 중간 관리자에서 실무자에게로, 본사조직에서 현장조직으로, 중앙정부에서 지자체로, 서울에서 지방으로 권력이양은 지속되고 있다.

감성과 감각, 스피드

개인이나 기업, 정부 모든 곳에서 속도 지향이 우리 삶을 지배하고 있다. 모두가 빨리빨리, 바로바로를 요구한다. 느리고 지루한 것은 질색이다. 이는 인터넷이 낳은 결과이기도 하다. 한 번 클릭하면 바로바로 떠야 한다.

그러다 보니 즉시 대응해야 하는 즉흥적 문화가 강해지고 있다. 인터넷 게임에서는 손가락 놀리는 속도가 승패를 결정짓는다. 기업활동에서 고객 불만은 즉시 처리되어야 한다. 오래 끄는 것 자체가 불만요인이 된다. 개인생활이나 직장에서도 빨리빨리가 중요해지고 있다. 인간관계에서도 즉흥성, 즉시성이 강해진다. 핸드폰을 가지고 그 자리에서 즉석 사진을 찍고 상대 핸드폰으로 바로 전송해 준다.

스피드 중시는 여러 면에서 파급효과를 만들어 내고 있다. 일상의 삶에서 순발력이 더욱 필요해진다. 생각하는 것도 PC의 자판 두드리는 속도만큼 빨라야 한다. 그러다 보니 감성과 감각의 중요성이 더해간다. 머리로 생각하고 사고하는 것은 골치 아프다. 당장 오는 느낌(Feel)이 있어야 한다. 유머와 재미가 있어야 하며, 딱딱한 것이나 지루한 것은 질색으로 여긴다. 친근감, 부드러움, 일대일 대화 같은 스타일이 늘어난다.

최근 몇 년간 TV에서 맹위를 끌고 있는 "패밀리가 떴다", "1박2일" 등의 '리얼 버라이어티 토크 쇼'(Real Variety Talk Show) 등이 이런 문화를 잘 대변한다. 여성 지향성이 강해지다 보니 감성이 발달되지 않는 사람은 대인관계에서 불리해진다. 커뮤니케이션에서도 피부에 와 닿게끔 느껴지는 것, 시각적 청각적으로 호소하는 것이 중요해진다. 감성 지향은 감각적인 것과 이어진다. 영화산업, 문화레저산업은 철저하게 감성을 중심으로 사람들에게 접근한다. 특히 기업 마케팅에 있어서 감성을 자극해야 소비자들이 반응한다. 감성, 재미, 상상력이 지배하는 시대가 되다 보니 예술가적 감각 개발을 중시한다. 감성 지향주의는 미적 감각, 감성적 창조성, 우뇌에의 강조를 낳고 있다. 오늘날 미디어를 지배하는 광고와 드라마는 철저하게 감각적으로 가고 있다. 그러다 보니 사람들의 삶에 진득하게 사고하는 습성보다는 찰나적으로 느끼고 반응하는 것이 지배하게 된다.

IT 기술발전이 가져온 결과

포스트모던 문화의 영향력 행사는 IT(정보통신) 기술발전이 이를 뒷받침했다고 할 수 있다. 정보통신 기술발전은 전 세계를 안방으로 가져왔다. 그야말로 지구촌 가족시대를 만들었다. IT 기술발전은 중국, 인도 등 신흥성장국가에 수많은 중산층을 창출하였다. 가난한 제3세계 국가들도 절대빈곤을 어느 정도 줄이는 등 인류 삶에 긍정적 효과를 가져 오기도 했다.

향후에도 IT 기술발전은 눈부실 것이다. 한국의 경우 인터넷 보급률은 세계 1위 수준이다. 전 세계에 유래가 없을 정도의 빠른 보급이었다. 이제는 유선 인터넷 시대가 아니라 무선 인터넷 시대이다. 광케이블망과의 연결선이 없어도 어느 곳에서든지 인터넷을 할 수 있다.

그러나 인터넷 확산으로 나타나는 정보통신 혁명이 우리 사회에 미친 영향에는 명암이 있다. 긍정적 효과를 보면 지식정보 사회를 만드는 데 기여한 점이다. 인터넷을 통한 각 분야 지식의 급속한 증가와 세계적 공유는 지식사회로의 전이를 촉진시켰다. 각종 간행물, 책자, 연구자료, 논문들을 도서관에 가지 않고도 직접 검색하여 다운받고 활용할 수 있게 된 것은 얼마나 커다란 기여인가! 인터넷은 각종 정보의 투명성과 공개성을 강화시킴으로 민주화를 신선시켰나. 소수의 사람들에 한정되었던 정보를 공개한 점은 밀실정치와 비밀주의를 줄이는 데 기여하였다.

또한 각종 사이트의 게시판, 여론마당 등을 통하여 활성화된 의견 제시는 다양한 견해를 제시하고 이해하는 데 도움이 되었다. 그리하여 독재자가 설 땅을 없애고 다양성과 상호이해를 늘리는 장이 되었으며, 거리와 시간성의 제약을 뛰어넘은 생활혁명을 이루었다. 전 세계를 내 집처럼 가까이 접할 수 있게 된 것이다. 서울이나 지방이나 전 세계와의 접촉에는 차이가 없다. 지방도 정보화에서는 서울과 차이가 없다. 오히려 그간 서울과 지방 간에 있었던 정보력 격차를 없앤 셈이다. 시간적으로도 과거에 방송된 TV 프로그램을 언제고 다시 볼 수 있다. 쌍방형 TV(IPTV)의 도입은 방송 미디어를 보는 시간도 선택할 수 있게 만들었다. 그리하여 시간과 공간의 제약을 넘어서는 혁명을 이루었다고 할 것이다. 인터넷이 만들어 낸 각종 비즈니스 기회는 새로운 산업을 탄생시키는 데 기여하였다. 스마트폰, 아이폰, 아이패드, 넷북 컴퓨터, LED TV, 3D TV 등 정보통신 분야의 신제품 기술 혁신은 놀라운 속도로 변하고 있으며, 관련된 신 시장은 하루가 다르게 성장하고 있다.

유무선 인터넷은 교만한 기득권자를 무너트리고 끊임없는 자기혁신을 하지 않으면 살아남을 수 없게 만들었다. 독점이익에 안주해 온 사업자는 가격비교 사이트로 한 순간에 자신의 독점적 지위를 잃게 되었다. 사람들의 눈과 귀를 닫고서 정치나 경영을 해 온 사람들은 이제 근본적으로 자신의 태도를 바꾸지 않으면 안 되게 되었다. 이처럼 글로벌 시대에 국내에만 머무르던 안목을 전 세계로 향하게 해 주었다. 학생, 경영자, 근로자 모두에게 세계 수준의 프로들을 만나게 하고 도전받게 해 주는 것이다. 그리하여 인터넷은 끊임없이 새로운 아이디어, 새로운 비즈니스, 새로운 이론의 개발을 지원하고 있다. 그리고 사회 각 분야에 걸쳐서 급속한 세대교체를 가져왔다. 세대교체가 가지는 긍정적 면으로서 능력 없는 중년, 노년이 책임 있는 자리에서 빨리 물러나는 것은 바람직하다고 할 것이다.

반면에 인터넷 혁명이 미친 부정적 효과도 적지 않다. 사람들 의식을 즉흥성과 감각성으로 몰아가는 경향이 있다. 인터넷의 특징은 그 빠른 속도에 있다. 한국의 인터넷 보급률이 세계 수위를 달리는 점도 한국 사람들이 지닌 '빨리빨리' 기질에 부합하기 때문이라고도 한다. 이러한 문화에 적응되다 보니 사람들의 언행에도 '빨리빨리'가 강조된다. 물론 '빨리빨리'가 가지는 장점도 있다. 그러나 심사숙고 하는 자세, 지긋하게 기다리는 태도, 여유와 인내심을 잃게 되고 만다. 이러한 스피드 성향이 결국은 즉흥적 삶을 불러오고 감각성과 결부되면 '인생이란 순간순간 즐기면서 사는 것'이라는 분위기를 만들어 낸다. 인터넷이 확산시키는 각종 대중음악, 그림, 영화 등의 문화는 젊은이들의 감성과 결합되어 사회 전반적으로 이성보다는 감성, 진지성보다는 찰나성을 불러일으키고 있다.

미래 기술발전이 가져올 명암

향후 IT 기술발전은 생명공학, 의학과 결합되어 인간의 삶을 놀랍게 변화시킬 것이다. 혈관 속을 돌아다니는 마이크로 로봇이 출현하여 인간 몸 속에 있는 질병을 직접 수술하고 바이러스를 퇴치할 것이라고 한다. 입으로 먹는 약이 아닌 스마트 약이 출현하여 피부나 코를 통해 들어가거나, 심지어 초소형 기계가 기존의 약을 대신한다고 한다. 스마트 약은 혈관을 따라 이동하면서 질병 부위를 공격하고 약물을 방출한다. 질병 부위를 정확히 공격하므로 치료율도 높아지고 후유증도 극소화된다고 한다.[26] 곳곳마다 칩이 내장된 컴퓨터가 일상생활 곳곳에서 건강을 돌보는 지능형 의료관리 시스템이 도입된다고 한다. 지능형 변기를 통해 인체상태가 자동 체크된다. 이러한 데이터는 의사에게 실시간으로 전송되며, 원격진료와 원격수술까지 가능해진다고 한다. 먹는 캡슐형 내시경이 등장하여 지금처럼 내시경 찍을 때 받는 고통도 사라진다고 한다.

그런데 이렇게 되는 것이 정말 편리하고 좋기만 한 것인가? 이 정도 수준으로 의료기술이 발전하게 되면 이러한 시스템을 유지하는 데 드는 의료비 부담은 어떻게 될 것인가? 부자들만 질 좋은 의료 서비스를 받게 되고, 의료 서비스의 격차 확대는 또 다른 문제를 불러오지 않겠는가? 현재 민간 의료 보험제도 도입이 검토되고 있는데, 기존의 공공의료 보험 중심의 의료 보건 체제를 지지하는 사람들은 이를 적극적으로 반대하고 있다.

향후 기술의 발전은 우리 삶에 놀라운 변화를 불러올 것이다. 기술은 가치중립적이라고 말한다. 우리는 삶의 질을 높이기 위해 만들어졌다는 기술이 오히려 인간을 파멸과 나락으로 떨어트린 경우를 수없이 보아 왔다. 유비쿼터스 사회가 도래하면 인공지능을 갖춘 칩 컴퓨터가 사람이 입는 옷에 내장된다고 한다. 그렇다면 이렇게 편리한 삶이 좋기만 할 것인가?

우리는 기술만능주의적 접근이 가져올 위험성을 심각하게 인식해야 할 것이다. 그 기술을 어떤 방향으로 사용할 것인가는 결국 인간 책임인 셈이다. 영화 "아일랜드" "매트릭스" "아이로봇" 등이 우리에게 주는 의미는 심각하다고 아니할 수 없다. 2020년경이 되면 인간지능 수준을 가진 로봇이 등장할 것이라고 한다. 혹자는 복제인간과 가상현실이 실제인간을 지배하는 세상이 될 것이라고 한다. 인간 삶의 향상보다는 영화 속의 상상력이 보여 주는 바처럼 인간을 노예화시키고 파멸시키는 방향으로 갈 수 있다. 미래 기술발전이 가져올 위험성은 급속도로 발전이 이루어지고 있는 생명공학 분야에서 심각하게 나타날 것이다. 인간의 탄생과 죽음이라는 신만의 영역에 인간의 자의적 의지를 작용하게 함으로 끝없는 생명윤리 논쟁을 불러일으킬 것이다.

기술은 가치중립이다. 기술 그 자체는 선도 악도 아니다. 그것을 사용하는 사람들이 문제인 것이다. 인간으로서는 하지 말아야 할 부분, 넘지 말아야 할 경계선이 있다. 인간의 욕심과 탐욕은 새로운 것을 끊임없이 만들어 내지만, 그로 인한 문제를 함께 양산해 낸다. 신기술을 개발하는 것이 어린 아이에게 칼을 쥐어 주면서 그것이 누구에게 향하는지도 모르면서 칼을 휘둘러 대는 결과를 만들어 낼 수 있다. 수많은 사람들을 다치게 하고, 결과적으로는 자신도 다치게 하고 말 것이다. 인간 자율로 스스로 규제가 될 것인가? 이러한 문제가 심각해지면 결국 인간 세상은 종말로 갈 수밖에 없다.

실업위기 속에서 일자리 만들기

> "누구든지 일하기 싫어하거든
> 먹지도 말게 하라 하였더니"(살후 3:10).

사람들은 일을 하면서 삶의 기쁨과 자아성취를 이루어 간다. 땀 흘리는 일자리가 주는 기쁨은 노동의 가치를 신성하게 해 준다. 일이야말로 인간 삶의 질을 고양시킨다. 사도 바울도 "무슨 일을 하든지 마음을 다하여 주께 하듯 하고 사람에게 하듯 하지 말라"(골 3:23)고 말씀하신다. 그러나 오늘 우리의 현실은 일하고 싶어도 일자리가 없는 것이 큰 문제이다. 매년 대학 졸업자만 40-50만 명에 이르는 현실에서 이들의 취업 문제는 어제 오늘의 문제기 아니다.

한국만큼 교육열이 높은 나라도 없다고 한다. 치열한 입시경쟁을 뚫고 대학공부 시켜 봤자, 취업은 안 되고 백수 신세가 되어 있으니 부모들 심정이야 오죽하겠는가? 부모들은 그렇다고 해도 청년들 본인들은 얼마나 좌절할 것이며 이 사회에 대해 부정적 불만이 쌓여 가겠는가? 현재 통계상 공식 실직자는 75만 명에 취업 준비자 55만 명, 일할 생각 없이 쉬는 사람과 구직 단념자, 불완전 취업자 등을 합치면 사실상 실업자 규모는 317만 명에 이른

다고 한다. 이는 전체 취업자 2,381만 명의 8분의 1에 달하는 규모이다.[27)]

취업전쟁

우리 사회에는 일하고 싶어 하는 사람들이 지천으로 깔려 있다. 그런데 이들에게 주어지는 일자리란 많지 않다. 일자리가 주어져도 임시직이나 일용직, 비정규직이 대부분이다. 현재 취업자 중 비정규직은 570만 명에 이르며 그 비중은 전체 근로자의 36%에 이른다고 한다. 언제 일자리를 잃을까 걱정하지 않아도 되고, 좋은 급여와 복지수준이 보장되는 좋은 일자리란 점점 줄어들고 있다. 그러니 이 좋은 일자리를 놓고 벌어지는 취업전쟁은 극한적이라 할 수 있다.

대학을 졸업한 청년들만 일자리를 원하는 것이 아니다. 남편 월급만으론 살아가기 힘든 주부들도 일자리를 원한다. 심지어 60대 노인들도 일하고 싶어 한다. 더 이상 생활비와 용돈을 자식들에게 기대어 살고 싶지 않은 것이다. 20대 청년들은 자신들의 세대를 88만 원 세대라고 호칭할 만큼 그들에게 정규직 일자리는 주어지지 않고, 월 100만 원 미만의 저임금 비정규직 자리만이 남아 있을 뿐이라고, 자신들 세대를 저주받은 세대라고 말한다. 60대 부모의 30%가 아직도 20-30대 자식에게 용돈과 생활비를 지원해 주고 있다는 점은 이 시대의 아픈 현실이라 아니할 수 없다.

그런데 이 시대 고용의 아이러니는 안산이나 인천 등지의 공단에 있는 중소기업들은 사람을 못 구해서 어려움을 겪는다는 점이다. 대부분 이런 공단의 제조업 일자리는 임금 수준도 월 100-150만 원 내외로 낮을 뿐 아니라 복지후생 수준도 낮다. 그러니 대졸교육을 받은 청년들은 아예 100만 원

미만의 저임금 일자리는 돌아보지도 않는다. 이러한 일자리는 동남아 등지에서 온 외국인 근로자들이 채워 주고 있다.

공공 부문의 일자리

현 정부는 대선 당시 공약으로서 5년 재임기간 중 일자리 창출 300만 개를 제시하였다. 그러자면 매년 60만 개를 만들어 내야 하는데, 경제위기에 따른 정책조정에서 목표를 연간 20만 개로 조정하였다. 참여정부에서는 5년간 일자리 창출 250만 개를 계획하였으나 실제는 약 150만 개 정도로서 1년에 30만 개의 일자리를 만들어 내었다고 한다. 그러니, 일자리 늘리라고 뽑아 준 이명박 정부는 참여정부 때보다 일자리 창출을 못한 셈이 되어 버렸다. 아니 최근의 경제위기에서는 전체 일자리 규모가 줄어드는 고용의 마이너스 현상도 생겨나고 있다.

이처럼 실업문제가 해결되지 않고 악화되는 데는 글로벌 경제침체가 큰 요인이라 할 수 있다. 그러나 이러한 일시적 외적요인 이외에 보다 근본적인 원인은 저성장 경제, 대기업 제조분야의 지속적 해외진출, 기업의 자동화로 인한 일지리 축소, 신성장동력산업이 고용창출 미흡, 노사 문제로 인한 기업의 인력채용 기피, 외국 근로자 유입 증가, 젊은이들의 3D업종 기피 등으로 복잡하게 얽혀 있는 현실이다.

과거 참여정부에서는 사회적 일자리 분야로서 사회복지, 노인요양 분야에 적극적 투자가 있었다. 그리고 공무원 일자리도 적극적으로 늘렸다. 그러나 작은 정부 철학을 가지고 있는 현 정부는 공공부문 일자리 창출에 소극적이다. 오히려 현 정부는 정부기관과 지자체, 공기업에 방만한 인원을 줄이라는 등 10% 인원절감을 요구하고 있다. 최근 희망근로 등 재정지출을 통한 일시적 일자리를 만들어 냈지만 이는 그야말로 잠정적인 것이다. 그리고 핵심적인 경제대책으로 내세운 녹색뉴딜 정책도 고용창출이 기대는 되지만 얼마나 안정적인 정규직 일자리로 이어질지는 아직 미지수이다. 4대강 살리기 등의 토목, 건설 분야도 정규직 고용창출보다는 일용직 건설 근로자가 많은 만큼 좋은 일자리 창출로 이어질지는 두고 봐야 할 것이다. 이처럼 공공부문의 고용창출은 대부분 공공예산으로 일자리가 유지되어야 하는 만큼 지속적인 일자리 확대에 한계가 있다고 할 것이다.

최근에는 공기업을 주도로 대졸 신입사원의 급여를 내리는 방안도 모색되고 있다. 신입사원 연봉이 4천만 원을 넘는 금융권 기업 및 재벌 기업이 다수 있는 상태에서 극소수의 잘 나가는 유명한 대학교 출신 엘리트만을 고임금으로 유치하려기보다, 보다 많은 일자리를 만들어 내려는 노력이 필요할 것이다. 특히 공기업의 경우 고위직 간부의 연봉을 줄이는 만큼 그 재원으로 인턴직 채용을 늘리자는 방침도 나오고 있다. 대기업도 억대 연봉을 받는 간부급을 확대시키기보다는 신입사원 고용을 더 늘리는 쪽으로 인사정책을 쓰는 것이 바람직할 것이다. 이러한 차원에서 정부에서는 기업의 신입사원 채용 시 일부 인건비를 지원한다거나, 세제상으로 혜택을 주는 방안도 모색하고 있다.

일자리 뺏는 기업의 해외진출과 자동화

기업은 일자리 창출을 주도하는 주체이다. 정부나 공공기관이 만든 일자리는 규모나 지속성 면에서 한정적일 수밖에 없다. 그래서 이 시대 최고의 과제인 일자리를 창출하는 기업인은 당당히 애국자라고 말할 수 있다. 그러나 기업에도 일자리를 창출하는 데는 여러 가지 장애 요인들이 산재해 있다. 그중의 하나가 제조업의 지속적 해외진출이다. 이러한 추세는 앞으로도 계속될 것으로 보인다. 고용효과가 높다고 하는 대기업의 제조업 분야는 더 이상 국내에서 일자리를 창출하지 않고 있다. 오히려 국내의 제조업 분야에서 고용창출의 주역은 대기업이라기보다 중소기업이다. 지난 10년간(1996-2006) 중소기업이 약 250만 개의 일자리를 창출한 데 반해 대기업의 고용은 오히려 130만이나 줄어들었다고 한다.[28] 중견기업으로서 2003년 199곳에 불과하였던 매출액 천 억 이상 중소기업은 2007년에는 444개로 늘어났다. 수출에서도 2006년 기준으로 중소기업 수출액은 1,037억 달러로 대기업 수출 2,210억 달러의 절반에 육박한다.[29] 그러나 대졸 취업자들이 낮은 임금과 복지 등을 이유로 이곳을 기피하고 있는 것이 문제이다.

과거 80-90년대에 대규모 고용을 창출하였던 자동차, 전자, 조선, 화학, 섬유, 건설 분야에서 삼성, 현대, LG, SK 등 대기업이 국내투자를 늘리지 않는 원인은 더 좋은 여건의 해외입지가 있기 때문이다. 그리고 해외 투자국 현지에서의 시장선점 효과, 국내의 까다로운 각종 규제들, 그리고 전투적 노조기피 때문이라고 보인다. 이미 섬유, 신발 등 노동 집약적 경공업은 중국 등으로 빠져 나간 지 오래되었다. 한국의 노동자 평균임금 수준은 베트남 등지에 비해 5-10배 높은 상태라고 한다. 이렇다 보니 생산비용의 경쟁력을 생각하지 않을 수 없는 제조기업으로서 해외로 나가지 않을 수 없다.

특히 자동차, 전자공장은 미국, 중국, 베트남, 동유럽 등지로 지속적으로 나가고 있는 점을 고려할 때 엄청난 규모의 일자리가 해외로 뺏기는 셈이다. 이미 글로벌화된 대기업으로서는 전 세계를 대상으로 아웃소싱하고 마케팅을 해야 하는 입장에서 한국이란 곳은 하나의 입지대상으로 검토될 뿐이다. 그들에게 애국심을 기대하여 입지 경쟁력이 없는데도 국내에 무리하게 투자하기를 기대하기는 어려울 것이다. 그런데 최근 해외진출지로서 중국의 경우 노동규제 강화 및 세제혜택 감축으로 투자기업의 다수가 어려움을 겪고 있다고 한다. 특히 의류, 신발, 염색 등 공해 유발적 노동집약 업종의 경우는 베트남 등 새로운 지역으로 투자처를 옮겨 가는 추세라고 한다. 그러면 이런 곳으로 진출하였던 대기업의 해외공장이 국내로 다시 돌아올 수 있겠는가? 그러나 해외로 투자된 공장들이 다시 국내로 돌아오기는 어렵다고 보아야 할 것이다. 왜냐하면 넓은 해외시장과 저임금 노동력 등 현지투자가 주는 장점이 아직은 국내투자보다 더 높기 때문이다.

기업의 자동화 투자도 일자리 감소의 주된 이유 중 하나이다. '보다 더 빠르고 편리하게'를 추구하였던 기업들은 과거 몇 년간 프로세스 혁신, 공장 자동화를 통하여 더 적은 인력으로 더 많은 생산, 매출을 올리는 노력을 경주하여 왔다. 그러니 매출과 이익, 생산성은 늘어난 상태이지만 인력규모는 오히려 줄어든 것이다. 그야말로 기업의 효율추구와 혁신노력이 결과적으로 일자리를 줄인 것이다. 은행마다 곳곳에 널린 자동 지급기, 고속도로 톨게이트에 설치된 하이패스, 유통매장마다 도입된 각종 전산기기, 첨단 컴퓨터 프로그램과 시스템 업그레이드 등은 결국 사람 손으로 하는 일을 IT로 바꾸는 것이다.

이것이 진정 사회 전체적으로 볼 때 잘되는 쪽으로 가는 것인지 아니면 좀 더 불편하고 기다리더라도 사람 손으로 하는 방식을 그대로 유지하는 것이 좋을 것인지는 경제철학에 따라 다를 것이다. 혹자는 산업혁명 시의 러다이트(Luddite, 기계파괴) 운동이라도 일어나야 일자리가 다시 생겨날지 모른다고 말한다.

서비스, 신성장 분야의 일자리

제조업이 고용을 만들어 내지 못하면 결국 고용유발 효과가 높은 투자 분야는 금융, 대기업 서비스, 유통, 물류, 관광, 의료, 문화, 에너지 분야로서 3차 산업 분야가 될 수밖에 없다. 그런데 이런 분야일지라도 고용유발 효과는 과거에 동일한 규모의 투자 때보다 낮다. 그렇기 때문에 투자가 이루어지더라도 고용인원이 많지 않은 것이다. 투자가 이루어지고 있고, 투자 측면에서는 대기업들이 몇조 원의 투자를 한다고 하지만 실제 고용창출로 이어지는 효과는 미흡해지고 있다. 즉, 서비스업에도 고용 없는 성장이 문제인 것이다. 통계에 따르면 매출이 10억 원 늘어날 때 제조업 분야에서의 신규고용 창출인원은 95년의 8.6명에서 2000년의 4.9명으로 낮아졌다고 한다. 그리고 같은 기간 서비스 부분에서도 고용창출 인원은 25.7명에서 18.2명으로 급감했다고 한다.[30]

향후 신성장 분야로서 금융, 관광, 의료, 유통물류, 서비스 분야에서 기업들의 지속적 투자와 함께 새로운 일자리가 계속 만들어지기를 기대해야 할 것이다. 시장 효율성을 중시하는 컨설턴트 등 경영 전문가들은 효율성이 낮은 제조업 등의 2차 산업은 후진국으로 갈 수밖에 없다고 말한다. 산업 구조조정은 글로벌 경제에서 불가피할 뿐만 아니라 오히려 바람직한 현상이라는 것이다.

그리고 새로운 동력산업으로서 IT(정보통신), BT(생명공학), NT(나노산업), ET(녹색환경산업), CT(문화산업) 분야가 성장하면서 새롭게 일자리를 창출해 내야 하고, 그렇게 될 것이라고 말한다. 그런데 이 분야에서 엄청난 신규투자가 일어나더라도 자동화 등으로 고용 없는 성장이 되지는 않을까 의문이다.

비정규직의 아픔

　　대기업이건 중소기업이건 기업입장에서는 경쟁력 유지를 위해 총액 인건비 절감을 추구한다. 이 점에서 기업은 고임금 구조에서 인건비 부담을 줄이려 하고, 고용규모를 늘리지 않으려 한다. 투자를 늘리더라도 가능한 한 정규직을 늘리지 않고 기계설비나 자동화로, 외주나 아웃소싱으로 필요한 인력 문제를 해결하려 한다. 그렇기 때문에 필요에 따라 인력을 늘려도 정규직으로 가지 않고 언제든지 고용해지가 가능한 일용직, 파견직, 비정규직을 선호하는 것이다.

　　노조와의 협상에서도 고용과 관련한 부분은 경영권에 해당하는 부분으로 하여 간섭받지 않으려 한다. 특히 과거 몇 년간 강성노조와의 파업, 임단협 등에서 어려움을 겪었던 기업들은 신규인력 채용에 절대적으로 보수적이다. 사람 한 사람 늘리는 것을 몹시 부담스럽게 느낀다. 그런데다가 이미 안정적 고용신분을 확보한 기존의 정규직들은 자신들대로 임금 및 복지 수준이 낮아지는 것을 받아들이지 않으려 한다. 그렇기 때문에 기업들은 더욱 정규직 고용을 회피하는 것이다. 이런 점에서 정규직과 비정규직 간의 이해관계가 충돌하고 있다. 이러한 고용시장 구조에서 수많은 청년들이 정규직 일자리를 잡으려고 하지만 학벌이나 외국으로의 대학연수, 어학능력, 필요 자격증 등으로 자기 무장을 하지 못한 상태에서 특별한 역량도 없는 다수 사람들이 문제인 것이다. 그래서 결국 이들은 비정규직 시장으로 가게 될 수밖에 없는 현실이다.

　　어쨌든 글로벌 경제시대에서 청년들은 한정된 일자리를 놓고 중국, 인도 근로자와 경쟁하고 있는 셈이다. 한국 내에서 제공되어야 할 수많은 일자리가 글로벌 아웃소싱의 붐을 타고 중국과 베트남, 동유럽 등지로 흘러

나간 버린 것이다. 한국인의 임금수준은 이제 일본, 미국과 비교하여도 낮은 수준이 아니다. 기업을 놓고 왜 국내에 투자하지 않고 해외로만 나가느냐고 탓할 수도 없는 입장이다. 기업으로서는 인건비 비싸고, 노조는 강성이고, 국내시장은 좁고, 골치 아픈 정치적 문제들도 많은데 굳이 국내투자만을 고집할 이유가 없다.

청년들은 취업대상으로 굳이 대기업만 고집하지 말고 중소기업으로 눈을 돌려야 한다. 1997년에 83만 개였던 대기업 일자리는 2006년에 70만 개로 13만 개 줄어든 반면, 고용인원 300명 미만의 중소기업 일자리는 동 기간에 189만 개에서 220만 개로 크게 늘어났다.[31] 현재 중소기업에서는 사람을 못 구해서 어려운 구인난을 겪고 있는 업체도 많다. 대졸자들이 중소기업을 회피하는 주된 이유는 급여와 복지혜택이 대기업보다 떨어진다는 점이다. 그러나 자신의 역량을 최대한 발휘할 수 있는 여건, 경영자로부터 쉽게 인정받을 수 있는 점, 짧은 기간에 폭넓은 분야의 직무경험을 해 볼 수 있는 점은 중소기업이 대기업보다 훨씬 좋다고 할 것이다.

일자리 나누기

취업준비를 하던, 창업준비를 하던 미취업 청년들은 자기역량 개발과 취업을 위한 발품에 최선을 다해야 한다. 우선 취업이나 창업에 성공한 선배들에 대한 벤치마킹이 필요하다. 무엇을 준비해야 할 것인지 어학, 컴퓨터, 자격증, 특별한 경력 등에서 어떻게 자기 준비를 해야 할 것인지 잘 보고 배워야 한다. 특별히 취업을 희망하는 분야에서의 인턴 경험과 경력을 적극적으로 쌓아가면서 네트워크를 확보해야 한다. 아예 국내에서의 취업에만 매달리지 말고 미국, 중국, 일본 등지로 눈을 돌려보는 것도 필요하다. 그리고 눈높이를 정규직에만 두지 말고 비정규직이라도 이곳에서 좋은 평판과 신뢰를 쌓아간다면 2-3년 후에는 정규직으로 전환될 수도 있다. 결국 취업환경은 어렵지만 본인이 하기 나름일 것이다.

기업도 이러한 여건에서는 사회적 책임을 감당한다는 차원에서 새로운 관점이 요구된다. 무엇보다 기업이 어렵다고 해서 기존 인력에 대해 구조조정 내지 감원을 하는 식은 자제해야 한다. 물론 회사의 적자가 심각하고 사업축소가 불가피한데 어떻게 인력감축을 하지 않겠느냐는 반론도 있을 수 있다. 그렇더라도 인력감축은 최후의 수단으로 돌리고 다른 부분에서 경영합리화를 하는 방안을 모색해야 한다.

최근 적자 기업에서도 일자리 나누기(Job Sharing)나 근로시간 단축을 통해 고용인원은 줄이지 않으면서 인건비 규모를 줄여가는 방안 등이 제시되고 있다. 더 나아가 한계선상에 선 기업이라 할지라도 공장휴무나 무급휴직 등을 통해 감원을 하지 않고 기업을 살려 내는 방안을 강구해야 한다. 정부로서도 부도위험에 처한 기업의 경우 구조조정이 능사만은 아니라는 점을 고려하여 M&A 등을 하더라도 고용존속이 가능하도록 해야 한다. 특히 40-50대 직장인의 경우 임금 피크제 등을 통해 임금총액은 줄어들더라도 일은 계속할 수 있도록 하는 방향으로 가야 한다.

일 속에서 사람들은 자기 삶의 가치를 확인한다. 그리고 일을 통해 자신을 성장시키고 발전시킨다. 일을 통해 하나님이 주신 창조성을 개발해 간다. 인간이 타락한 이후 하나님이 인간에게 주신 벌은 노동의 고통이었다. "너는 네 평생에 수고하여야 그 소산을 먹으리라 땅이 네게 가시덤불과 엉겅퀴를 낼 것이라 네가 먹을 것은 밭의 채소인즉 네가 흙으로 돌아갈 때까지 얼굴에 땀을 흘려야 먹을 것을 먹으리니 네가 그것에서 취함을 입었음이라

너는 흙이니 흙으로 돌아갈 것이니라 하시니라"(창 3:17-19)고 하셨다. 타락한 인간에게 주신 일은 자신만을 위한 일이 되고 말았다.

그러나 인간의 타락 이전에 하나님은 먼저 인간에게 하나님의 형상을 주셨다. "하나님이 자기 형상 곧 하나님의 형상대로 사람을 창조하시되 남자와 여자를 창조하시고"(창 1:27)라고 하신 것이다. 따라서 하나님의 형상을 살려 나가는 크리스천의 일은 자신만을 위한 호구지책이 되어서는 안 된다. 일은 자신을 위해서는 기쁨이 되어야 한다. 그리고 일은 자신의 가족뿐 아니라, 우리 주변에 있는 사람들을 살리는 일이 되어야 한다. 일하고 싶은 사람에게 일자리를 제공해 주는 크리스천이야말로 사람을 살리는 일을 하는 것이다.

3

일을 통한 창조성 개발하기

"하나님이 자기 형상 곧 하나님의 형상대로 사람을 창조하시되
남자와 여자를 창조하시고
하나님이 그들에게 복을 주시며
하나님이 그들에게 이르시되
생육하고 번성하여 땅에 충만하라,
땅을 정복하라,
바다의 물고기와 하늘의 새와 땅에 움직이는 모든 생물을 다스리라 하시니라"
(창 1:27-28).

본인이 섬기는 중앙성결교회는 주일 오후예배를 '테마가 있는 예배'로
하여 신선함과 함께 많은 이들을 참여하게 한다. 한기채 담임목사가 부임한
2004년 이후 매년 두 차례씩 이러한 테마예배를 실시하고 있다. 테마도 크
리스천 문화사역, 상담, 서울 도심 교회 간의 네트워크, 크리스천 경제, 중
보기도 등으로 다양하게 전개하여 왔다.

특히 2008년 가을에는 "하나님이 함께 하시는 사업경영"이라는 주제
로 '신앙과 기독경영', '그리스도인의 직업관', '여성 사업가로 자리 잡기', '
기업선교, 북한선교', '경제 살리기와 힘 모으기', '바닥에서의 창업과 도
전', '장인정신과 고객감동', '투자와 금융 어떻게 해야 하나?'에 관한 세미

나를 가졌다.

창조명령과 창조적 사고

하나님이 인간에게 주신 형상에는 세상을 다스리라는 창조명령이 들어 있다. 그것이 인간 속에 있는 창조적 사고의 바탕이라고 할 것이다. 우리 경제가 제조업 중심에서 서비스 경제로 넘어가면서 창조적 사고는 모든 사람들에게 핵심역량이 되고 있다. 창조라고 하면 기존에 없는 무엇을 새로이 만들어 내는 것이다. 시대 특징이 빠른 변화와 다양성으로 나타나면서, 직장인들에게는 뭔가 새로운 것을 만들어 내는 창조적 사고가 더욱 중요해지고 있다. 지난 몇년 간 기업과 정부에서는 '혁신'이 주요 화두였으나, 최근에는 '창조'가 핵심 화두가 되고 있다. 삼성그룹은 '창조경영'을 기치로 내세우고 있으며, 오세훈 시장이 이끌고 있는 서울시도 '창의시정'을 시정 캐치프레이즈로 내세우고 있다.

이처럼 시대 흐름이 혁신을 넘어 창조로 가고 있다. 혁신은 기존 것들에 개선과 변화를 주는 반면, 창조는 기존에 없던 것들을 새로이 만들어 내는 측면이다. 창조가 부각되는 이유는 치열한 글로벌 경쟁에서 기존 기술이나 제품의 점진적 개선에 치중하는 존속성 혁신으로는 살아남기 어렵기 때문이다. 기존 것들에 대한 개선이나 향상이 아닌 전혀 새로운 무엇인가를 만들어 내야 하는 것이다. 즉 기존의 것을 깨트리는 와해성 혁신으로 차별적 접근을 해야 한다는 것이다. 특히 선진국과의 기술경쟁에서 뒤쳐지고 중국 제품의 저가공격에도 당해 내기 어려운 현실에서 우리나라 경제가 살 길은 블루오션(Blue Ocean)을 통한 새로운 시장창출밖에 없기 때문이다. 블루

오션이란 고객들에게 전혀 새로운 가치를 제공하는 새로운 제품이나 서비스를 제공함으로써 고객들이 푸른 대양에서 물고기 떼와 같이 몰려들게 하겠다는 전략이다.

창조경영

창조경영이란 새로운 것들을 적극적으로 만들어 내는 경영을 통칭한다. 특히 신성장동력으로 일컬어지는 문화산업 분야는 창조적 상상력을 요구한다. 영화, 드라마, 뮤지컬, 애니메이션, 컴퓨터 그래픽, 관광과 같은 분야는 새로운 상품과 서비스를 끊임없이 창출해 내야 하는 곳이다. 이곳이야말로 새로운 시장과 상품을 끊임없이 창출하는 창조적 사고가 바로 부가가치로 이어지는 것이다. 문화산업에서 경쟁력을 가지기 위해서는 무엇보다 좋은 시나리오가 필요하다, 새로운 각본이 요구되는 것이다. 새로운 문화 콘텐츠를 만들어 내는 능력이야말로 창조경영의 핵심요소라고 할 것이다.

창조경영의 전도사로 부각되는 삼성전자에서는 창조경영의 핵심요소로 '미감유창(美感遊創)'을 제시하고 있다. '美'에서는 디자인과 브랜드를 강조한다. 그리고 '感'은 감성적 접근을 말하는데 분위기와 이미지를 강조한다. '遊'는 엔터테인먼트와 즐거움을 말한다. 그리고 '創'은 상상력, 꿈이라고 할 수 있다. 삼성전자는 핸드폰, LED TV, PC와 노트북, 각종 가전제품, 프린터 등의 소비재 상품에서 '미감유창'을 적용하고 있다. 우리의 상품은 기능이나 품질 면에서는 세계의 톱 수준에 이르렀다고 해도 과언이 아닐 것이다. 현대의 고급 중대형 자동차는 토요타의 렉서스나 벤츠, BMW에 전혀 뒤지지 않는다고 한다. 한국 조선은 이미 전 세계 선박 건조량의 삼 분의 일 이상을 점유하고 있다. 그러나 앞으로서의 상품 경쟁력은 '미감유창'을 살리는 창조경영에 있다고 한다.[32]

농업개방에 따라 위기를 맞고 있는 농촌을 살리기 위해 농촌공사가 추진하고 있는 농촌신활력사업도 창조경영 사례라고 할 수 있다. 현재 농수산식품부에서는 도시민들이 돌아와 살고 싶은 농촌을 만들기 위해 지역상품의 마케팅과 유통을 전담할 지역판매 회사를 전국 군단위마다 설립할 계획을 가지고 있다. 중앙정부와 지자체가 재정적으로 지원하고 지역민이 공동출자하여 만들어지는 이 회사는 지역 특산품의 국내외 마케팅, 유통, 판매, 가공, 연구개발을 주된 목적사업으로 한다. 나아가 지역상품과 자연자원, 경관을 연계하여 지역관광 상품을 개발, 홍보, 판매하는 기능도 수행하게 될 것이다. 이러한 회사는 지역민을 고용하여 지역고용 효과를 높이는 동시에 도회지로 나갔던 유능한 인재들을 농어촌으로 다시 불러올 수 있다. 그리하면 과거 일본에서 일어났던 도시민의 농어촌 유턴(Urban Turn)에도 기여할 수 있을 것이다. 이러한 창의적 사업들이 결실을 맺어간다면 우리 농촌은 살기 좋은 곳, 대도시에 찌들면서 살아가는 도시민들이 여유와 풍요로움을 느끼면서 살고 싶은 곳이 될 것이다.

농촌신활력사업은 농업을 전통적인 1차 산업으로만 한정시키지 않는다. 농림수산 지역 특산물의 가공업과 연구개발 사업으로서의 2차 산업, 유통과 서비스, 농촌관광 사업으로서의 3차 산업과 결합한 6차 산업으로 발전시켜 가려 한다. 이를 위해 지역상품의 브랜드화는 부가가치 창출을 위해 필수적이다. 브랜드가 알려지고 소비자 인식에 고품질로 자리 잡아 갈 경우 지역 특산물은 높은 가격으로 팔릴 수 있다. 나아가 국내시장에만 머무르지 않고 해외 시장으로도 수출이 늘어날 수 있다. 이를 위해서는 농산품이 생산에만 머무르지 말고 가공과 서비스 단계의 프로세스와 연계되어야 한다.

마늘의 경우도 마을 자체로만 팔지 말고 마늘 환, 마늘 즙, 마늘 소스, 마늘 과자로 만들어서 팔아야만 값비싸게 팔 수 있다. 의성 마늘 외에도 보성 녹차, 임실 치즈, 화성 포도, 함안 수박 등도 이러한 방향으로 나아가고 있다. 이외에도 지역상품의 고품격 디자인을 위해서는 상품재배, 포장에 이르기까지 디자인적 요소를 최대한 살리고 있다. 지역 브랜드 상품으로 잘 알려진 부여의 '굿뜨래' 디자인은 그 이미지가 소비자들에게 친숙함과 함께 한국의 전통적 이미지를 긍정적으로 보여 주고 있다. 함평의 나비축제는 농촌에 있는 나비에 착안해 이를 전 세계적인 나비관광 상품으로 개발시킨 사례이다. 몇 년간에 걸쳐 어려움도 있었지만 지자체장과 공무원, 지역 지도자들이 아이디어와 힘을 합하여 성공시킨 대표적인 지역축제 사례라 할 것이다. 현재 함평의 나비축제는 내국인뿐 아니라 해외 관광객도 참여하는 축제로 발전하고 있다. 그럼으로 낙후된 농촌지역에 친환경적 이미지인 나비를 통해 지역의 쌀, 고구마 등 특산물 판매에 긍정적 효과를 거두고 있다.

창조적 조직문화

한국 사람들에게는 끼가 있어서 창조적 사고를 잘할 수 있는 천부적 자질이 있다. 창조적 사고를 잘하는 직장인에게 요구되는 역량요소들을 보면 첫째, 상상력 발휘이다. 상상력이 풍부해지려면 이색적이고 새로운 생각, 신선한 경험들을 자꾸 해 보아야 한다. 가 보지 못한 새로운 곳으로의 여행이나 새로운 사람들과의 만남, 새로운 지역을 방문하는 것도 좋은 방법이다. 두 번째는 떠오른 생각들이나 기존의 것들을 서로 결합하는 능력이다. 이질적인 요소들을 결합할 때 새로운 것이 탄생한다. 마늘을 소의 사료로 먹였더니 마늘 소 브랜드의 상품이 나왔다. 돼지고기에게 마늘을 먹여서 판매하였더니 돼지 맛이 더 좋아졌다고 한다. 이렇게 하여 마늘 포크 상품이 만들어졌다. 이처럼 결합하면 새로운 것이 만들어진다.

셋째, 재미있게 하는 능력이다. 지루하지 않으면서 소비자들의 관심과 호기심을 유발시켜야 하는 것이다. 넷째, 이야기를 만들어 내는 능력이다. 문화상품일수록 이야기, 시나리오가 중요해진다. 상품과 서비스에 사람들의 이야기를 연결시키는 능력이다. 역사, 사건 등 사람들 삶의 이야기에는 소재를 가져올 것이 무궁무진하다. 인간 세상에 사람 사는 것이 모두 이야깃거리인 셈이다.

창의적인 직장인이 되려면 고정관념을 깨야 한다. 새로운 것에 대한 호기심, 영감과 통찰력을 개발해야 한다. 이를 위해서는 굳어 있는 자신과의 싸움, 자기 깨트리기를 해야 한다. 창조경영을 하려면 조직문화가 중요하다. 창의적인 조직에는 열린 생각과 개방성이 살아 있다. 그리고 학습조직으로서 상호 간에 정보공유가 활성화되는 특징을 보인다. 새로운 아이디어 제안도 자연스럽게 이루어진다.

대표적 기업으로서 구글(Google)을 들 수 있다. 직원들의 복장이나 근무시간, 사무실도 개인의 자유를 최대한 살려 주려고 한다. 근무시간에 혼자 휴게실에 가서 쉬거나 스포츠 센터에 가서 운동을 즐길 수도 있다. 창조적 인재에게는 영감과 통찰력, 새로운 것에 대한 호기심이 있다. 『몰입』이라는 저서로 유명한 미하이 칙센트미하이(Mihaly Csikszentmihalyi)는 한 분야에 깊이 빠져들 때 여기서 창조력이 나온다고 말한다. 자신이 하는 일에 몰입하게 되면 영감을 받을 수 있다. 교육훈련 분야에서도 새로운 차원의 프로그램이 모색되고 있다. 직원들과 함께 사외로 나가는 MT성 프로그램에는 촛불모임을 통해 눈물을 흘리는 경험을 갖게도 만든다. 사내에 노사갈등이나 부서 간 갈등이 많은 조직에서 진실한 감동과 화해의 순간을 연출하는 것이다. 창의력 개발을 위해 실시하는 브레인스토밍(Brainstorming)에서는 아이디어 및 대안, 의견개발을 위해 자유로운 분위기에서 신선한 아이디어를 나누도록 유도한다.

우리나라 조직문화에서는 여러 가지 구속적인 규율들로 자유롭고 신선한 분위기가 억제되는 경향이 있다. 주된 이유로서 보수적이고 집단적인 문화 때문에 새로운 아이디어 내는 것에 거부감을 가지는 것이다. "이런 얘기해도 괜찮을까?" 자꾸 사람들 눈치를 보게 만들면 창의적 사고가 억제되는 것이다. 그래서 야자타임이 가능할 정도로 직원들을 편하고 자유롭게 풀어 놓아 주는 분위기가 필요하다. 이를 위해 제안의 익명성을 보장함으로써 모든 멤버가 똑같은 개수의 의견을 제안하도록 하는 KJ법이나 브레인라이팅(Brain Writing)법도 활용된다. 이를 통해 자기 의견을 소신대로 책임감 있게 제안하도록 한다. 이처럼 앞서가는 기업들은 감성경영, 다양한 고객 만나기, 각종 마케팅 기법을 통해 창의적인 이벤트들을 꾸준히 개발하고 있다.

창조적 교회, 선교단체

교회에서도 다양한 창조적 프로그램 사례를 들 수 있다. 빌 하이벨스(Bill Hybels) 목사님이 사역하고 계신 미국 윌로크릭(WillowCreak)교회의 구도자 예배는 창조성이 잘 나타나는 사례이다. 불신자를 대상으로 편안하게 기독교를 접할 수 있게 하려는 구도자 예배는 연극, 드라마 등의 문화매체를 많이 활용한다. 어떤 연극에서는 출연자들이 말을 타고 무대에 등장하여 인디언과의 전투장면을 보여 주는 등 새로움을 보여 준다. 이들은 세상의 문화극장에서 볼 수 있는 탁월한 한 편의 연극을 만들어 낸다. 시나리오 구상에서부터 스텝과 배우가 섞여서 한편의 감동적인 작품을 창조해 내는 것이다. 연극에 참여하는 제작진이나 출연자, 스텝들은 동 분야에 전문성을 가진 프로 직업인이기도 하고, 또는 아마추어 출연자로 구성되어 있다. 그러나 이들은 예수 그리스도를 구주로 고백하는 기존 신자들이 대부분이다.

혹자는 교회 예배가 너무 세상문화를 접목하여 경건성이 사라져 버리는 것이 아니냐는 의문을 제기하기도 한다. 그러나 기존 신자들을 대상으로 한 구도자 예배는 전통적인 예배방식으로 드려지고 있다. 창의성이 살아나려면 다양성이 존중되어야 한다. 사람마다 예수님을 만나는 접촉점은 다양할 수 있다. 말로 하는 전통적인 복음제시, 설교 등 꼭 한 가지의 방법만으로 그들의 마음이 열리는 것은 아니다.

기독경영연구원도 연구와 교육훈련, 컨설팅, 출판활동을 통하여 '경영 세계 위에 하나님의 나라가 임하도록'이라는 사명을 실현하려 하고 있다. 매월 열리고 있는 기독경영 포럼에는 기독경영과 관련하여 다양한 주제로 강사를 모시고 있다. 그리고 대학 및 대학원생, 직장인들을 대상으로 10주 동안 강의 및 토론을 하는 기독경영아카데미가 1년에 2회 개최되고 있다. 최근에는 전국의 경영대학 및 대학원생들을 대상으로 한 기독경영캠프를 개최하여 예배, 말씀, 강의, 상담 및 선배와의 대화 시간을 마련하였다. 앞으로는 목회자들을 대상으로 한 "목회자 경영경제과정"도 구상하고 있다. 이처럼 기존의 교회나 선교단체가 감당하지 못하는 영역에 새로운 비전과 프로그램을 가지고 사람들을 불러 모으려는 사역이야말로 창조 경영의 사례라고 할 것이다.

4

갈등 가운데 조화와 통합 이루기

"우리는 부분적으로 알고 부분적으로 예언하니
온전한 것이 올 때에는 부분적으로 하던 것이 폐하리라
내가 어렸을 때에는 말하는 것이 어린 아이와 같고
깨닫는 것이 어린 아이와 같고
생각하는 것이 어린 아이와 같다가
장성한 사람이 되어서는
어린 아이의 일을 버렸노라"(고전 13:9-11).

오늘날 직장의 현실을 '총알 없는 전쟁'이라고 한다. 조직이나 개인 간 경쟁이 너무 치열하다 보니 "네가 안 죽으면 내가 죽는다!"라는 전쟁 상황으로까지 비유된다. 직장인이라면 누구나 자기 일에서 좋은 성과를 내고 싶어 한다. 그리고 자기가 한 일의 실적에 대해 누구나 좋은 평가를 받고 싶어 한다. 은행이나 증권사, 보험사와 같은 금융회사의 경우 지점마다 영업실적이 매일 집계된다. 그리고는 개인별 영업실적이 주간 또는 월간 단위로 집계, 관리되거나 서열화된다. 특히 영업 분야 조직일수록 심한 곳에서는 일정 기간별 개인 실적을 직원들에게 공개하기도 한다. 이런 것 때문에 스트레스 받기도 하지만, 이런 조직 분위기에 젖어 살다 보면 "저렇게 하는 것이 당연하다!"라고 받아들여지기도 한다.

치열한 성과경쟁

기업뿐 아니라 공공기관에도 성과급 바람이 거세다. 대부분 공공기관은 예산집행이 제대로 되었는지를 조직성과와 연결지어 평가받는다. 공기업의 경우도 그해 경영실적을 기획재정부로부터 정기적으로 평가를 받게 되어 있다. 공기업들은 몇 개의 등급에 따라 자신의 경영실적을 평가받고 이에 따라 성과급을 차등 지급받고 있다. 기관장의 근무성적은 기관의 성과평가와 직결되는 셈이다. 기관 평가등급이 하위등급을 받을 경우 기관장이나 해당 기관에 근무하는 직원 모두는 사기가 떨어지게 된다. 그리고 이로 인한 스트레스도 적지 않다.

최근에는 공무원뿐 아니라 교사들까지도 성과급을 받는다. 이때가 되면 기대와 함께 걱정도 하게 된다. 내가 속한 팀이나 부서가 성과급을 얼마나 받을 것인가? 그러나 막상 받고 나서 다른 조직에 비해 덜 받은 것을 알게 되면 기분이 떨떠름해진다. 특히 개인별로 성과급 격차가 나는 곳에서는 이것이 내 성과평가 결과라고 받아들여지기 때문에 잘 받았든 못 받았든 신경이 더 쓰이게 된다. 조직의 책임자 자리에 있는 사람일수록 이렇게 신경을 쓰는 것은 스트레스를 유발시킨다. 그래서 요즘에는 성과급 지급률 및 금액에 관한 사항은 비밀로 붙이는 경우가 대부분이다. 남이 얼마 받았는지 신경 쓰지 말라는 것이다. 궁금해서 남이 얼마 받았는지 묻는 것도 실례일 수 있다. 내가 많이 받았으면 괜히 물어서 미안하고, 내가 적게 받았으면 그것 때문에 열 받게 될 수도 있다.

이처럼 성과급이란 것이 직장인들에게 큰 영향을 미치다 보니 어떤 조직은 상당금액의 성과급을 받고 나서 얼굴표정을 관리해야 하는 곳이 있다. 그런 반면 어떤 곳은 기분이 안 좋고 나아가 침체 분위기, 위기의식까지 느끼는 곳이 있다. 최고 경영자들은 이런 점을 내심 의도하고 있다고도 볼 수 있다. 성과급 때문에 열 받게 되면 이를 악물며 "두고 보자!"는 식으로 성과 창출 의지가 다져지게 된다. 성과급으로 인해 성과향상의 동기부여가 되는 점은 긍정적인 면이라 할 수 있다. 반면에 운용하기에 따라서는 지나친 경쟁 의식, 개인주의, 공동체 의식 저하, 조직 간 위화감 등 부정적 영향이 생길 수도 있다. 그야말로 "네가 잘 했으니 축하해 줄게!"라기보다는 "네가 잘했으니 내가 못한 게 된 거야!"라는 식이 될 수도 있다.

경계가 무너지는 시대

최근 분열과 대립을 극복하려는 측면에서 통합이라는 용어가 시대의 화두가 되고 있다. 우리는 지금 부분과 부분, 분야와 분야를 구분 짓던 울타리가 무너지는 시대에 살고 있다. IT기술발전과 글로벌화는 사회 전반적으로 분야 긴 경계를 무너뜨리고 있다.

우리 삶 속에서 한 영역과 영역, 분야와 분야를 구분 짓던 경계선들이 희미해지거나 아예 사라지고, 세분화시켜서 나누었던 영역들이 다시 합해지고 있는 것이다. 국가와 국가 간이 그렇고 산업과 산업, 기술과 기술, 조직과 조직 간에 통합이 이루어지고 있다. 서로를 구분 짓던 경계선들도 희미해지고 있다. 심지어 지자체들조차 몇 개씩 합하여 대단위 행정구역으로 통합시키는 쪽으로 행정개편을 추진하고 있다. 국가와 국가 간에도 지역연합,

경제 공동체 등 통합으로 나가는 것이다.

인생사에는 생각이나 입장에서 서로 간 차이를 강조해야 할 때와 서로 일치를 봐야 할 때가 있는 법이다. 통합을 이루어야 할 때 자꾸 차이점만 부각시키려 한다면 이는 바람직한 방향이 아니다. 물론 한쪽이 자기만의 논리로 무리한 일치와 통일만을 밀고 나가려 한다면 서로 간에 반목이 생길 수 있다. 그러나 분열 쪽으로 에너지를 쓰기보다 조화와 화합하는 쪽으로 에너지를 쓰는 것이 바로 통합적 사고와 행동이다.

부분 최적화와 전체 최적화

통합의 사고는 전체를 보는 사고이다. 부분에 매몰되지 않는 사고이다. 통합은 부분과 부분을 연결 짓고 결합시키는 사고이자 행동인 것이다. 나무보다는 숲을 보는 사고이다. 부분에만 빠져서 그것이 전부인 줄 아는 사고를 탈피하는 것이다. 부분과 부분은 서로 연결되어 있다. 서로 영향을 주고받으며 원인과 결과가 된다. 따로따로 볼 수 없다. 이것이 전체를 보는 시스템적 사고이다.

부분만 보려고 하면 부분 최적만 추구하게 된다. 모든 조직이나 생명체는 자신의 생존, 유지, 성장, 발전을 추구한다. 그런데 이러한 움직임이 자신이 전체의 한 부분으로서 존재하고 작용한다는 유기체적 사고를 갖지 않으면 자기 중심적 사고와 행동에 매몰될 수 있다. 이럴 경우 자기만의 이익을 추구하거나 자신만의 목적과 목표를 달성하려는 자기 최적화를 구하게 한다. 부분 최적화로서 자신만의 최적화를 추구하는 것은 전체 최적화에 걸림돌이 될 수 있다. 부분으로 보았을 때는 그것이 제일 좋은 의사결정이고 선택이라 할지라도 전체 관점에서는 잘못된 판단이고 결정이 될 수 있다. 전체 최적화를 구해야 할 때 부분이 자기 최적화만을 추구하면 부분과 부분과는 긍정적 상호관계가 되기보다 부정적 갈등, 대립 관계에 들어가게 된다. 왜냐하면 또 다른 부분도 자신의 생존과 이익으로서 자기 최적화만을 추구하게 되기 때문이다.

　이러한 양상은 사회행동이나 조직행태에서 잘 드러난다. 기업은 자기 최적화를 추구한다. 왜냐하면 자신의 실적으로 시장에서 평가받고 경영자도 자신이 이룬 성과로 주주로부터 평가받기 때문이다. 그래서 기업은 비용절감을 이루고 이익을 내기 위해 인건비 절감, 구조조정, 인력감축, 글로벌 아웃소싱, 외주화, 공장의 해외이전, 감원을 하려고 한다. 글로벌 무한경쟁에서 한 사람의 인재를 얻기 위해 그리고 동기부여를 위해 엄청난 보너스와 상여금을 안겨 준다. 다른 보통의 인재들은 형편없는 저임금을 받으면서 일하는데도 그렇게 하는 것이다. 그렇다 보니 기업으로서는 이익을 낼 수 있지만, 사회 전체적으로 볼 때 고용형편은 더 어려워지는 것이다. 그리고 최고 대우를 받는 탁월한 인재로 성공하기 위해 너도나도 해외유학을 가고 어렸을 때부터 영재교육을 시키는 사교육에 매달린다. 이렇다 보니 사회 전체적으로 볼 때 공교육은 더 피폐해지는 것이다.

　노조도 마찬가지이다. 자신의 고용안정, 처우 상승을 위해 기업의 경영형편에도 불구하고 무리한 요구를 한다. 그리고 자신은 기업의 이익과 성과창출, 생산성에 기여하지도 않으면서 기업적 입장을 얘기하려 하면 '자본의 논리'라는 등 사용자 이익추구라는 등 비판을 쏟아 낸다. 그리고는 노조원 신분안정을 위해 올인하기 때문에 사용자 입장에서는 더 많은 사람을 뽑는 것을 두려워하게 된다. 노조로서는 자기 최적화를 구한 결과이지만 사회 전체적으로는 일자리 창출이 어렵게 되고 비정규직만 늘어나게 하는 결과를 만드는 것이다.

조직관리 면에서도 그렇다. 내부조직이나 구성원 간에 성과경쟁을 가열시키면 사람들은 자신이나 자기 조직만의 최적화에 빠져들게 된다. 그러니 옆에 있는 부서나 동료가 어떻게 되든지 나는 내 것 챙기기에만 나선다. 상대평가를 통해 하위 20%에게 불이익을 준다는 극단적 경쟁으로 돌입하면 옆에 동료가 잘되는 것은 내가 못되는 결과가 되고 만다. 옆에 동료를 끌어내리는 것이 내가 사는 길이 될 수 있다. 그래서 해 주어야 마땅할 협조도 안 해 주고 정보나 자료도 절대 안 주는 것이다. 이는 상호 간 협력이 단절되고 부서 이기주의로 서로가 담장만 높이 쌓게 되는 결과를 가져온다. 영업은 생산의 처지를 고려해 주지 않고, 기술 파트는 영업이나 생산의 입장은 나 몰라라 한다. 관리 파트는 자기 실적만을 위해 다른 파트들에게 불필요한 형식주의, 겉치레적인 결과만을 요구하게 된다. 이렇게 되면 영업, 생산, 기술, 연구소, 관리 파트들이 제각기 따로 노는 현상이 발생한다.

자기 것만 보고 자기 일만 하면 된다는 이런 현상은 일선 실무자에게 가면 더 심해진다. 아무리 타당한 얘기를 해도 나는 내 윗사람 지시에만 따르면 된다고 하면서 다른 얘기에는 아예 눈을 감아 버린다. 이렇다 보니 상호 의사소통을 통한 시너지가 창출될 리 없다. 사실은 전체의 성과 향상을 위해 도입한 경쟁적 성과창출 시스템이 오히려 독이 되어 조직을 옥죄게 하는 것이다.

이러한 현상은 정부조직 내에서도 비일비재하다. 전국의 지자체마다 제각기 상호 경쟁적으로 벌이는 기업유치, 국가사업 따오기, 축제사업 등을 보면 "누가 전체적 차원에서 조금만 조정해 주어도 국가예산이 저렇게 이중적으로 낭비되지는 않을 텐데!"라는 탄식이 나온다.

매년 중앙정부와 지자체 간의 권한다툼, 지자체 간의 이권다툼, 단위

조직 간의 자기 밥그릇 챙기기 이런 모든 것이 자기 최적화만을 추구하기 때문이다. 따라서 전체적 관점에서 자신과 자기 조직을 바라보는 통합적 사고와 행동을 하지 않는다.

국가 간의 관계는 더하다. 피도 섞이지 않고 민족적 동질성도 없는데 다른 국가의 입장에서 생각해 줄 것이 무엇이란 말인가? 여기에서는 철저한 국가이해만이 작동할 뿐이다. 미국부터 자기이익 챙기기로 타 국가를 대하니 국가 간 분쟁이 끝없이 발생하는 것이다.

역사는 이런 현상들의 연속이었다. 그래서 인류역사가 전쟁의 역사인 것이다. 국가 간 이해충돌이 결국은 전쟁으로 가는 것이다. 그런데 과거에는 국지전으로 가능했지만 이제는 핵이 있으니 인류전체가 종말을 맞는 수밖에 없다. 나는 신앙인으로서 그렇게 될 가능성이 많다고 본다. 성경이 말하는 종말이란 결국 인간 삶에서 생기는 자기 최적화 논리 때문에 발생하는 것이다.

인간관계의 기본 단위인 가정에서도 마찬가지이다. 사랑이 바탕이 되어야 할 가족관계에서도 이기심과 자기 챙기기가 횡행하면 부부 간이나 형제 간, 부모 자식 간에도 싸움이 발생한다. 그런데 정말 제대로 된 부모라면 여러 자식들을 대할 때 특정 자식만 편애하지 않는다. 물론 부모도 인간이기에 더 예쁜 자식이 있을 것이다. 그러나 우리가 손을 쓰려 해도 다섯 손가락이 다 필요하듯이, 부모 마음이란 여러 자식 중에서 못난 자식을 위해서 가장 많이 기도하고 배려하게 되는 그런 것이다. 그러나 부모 유산을 앞에 두고 형제끼리 재산소송을 벌리는 모습들을 보면 결국 형제끼리도 자기 최적화만을 구하는 것 같다.

이런 행태는 인간의 자기보호 본능 때문에 보편적으로 발생한다. 문제는 전체를 보는 사고와 행동을 하지 않기 때문이다. 그리고 조직을 끌어가는 리더십들이 이런 방향으로 작동하질 않기 때문이다. 문제는 책임자가 되는 리더들도 자기 살 길 찾겠다고 자기 자리를 지키는 데 더 신경을 쓰기 때문에 기업이나 정부나 국가 모두가 이 지경이 되는 것이다.

기술의 통합 – 융복합

오늘날 우리의 일터에서는 통합을 추구하는 움직임이 폭넓게 나타나고 있다. 먼저 급변하는 기술 분야에서 통합의 움직임은 융복합이라 불리는 추세로 나타나고 있다. 기술 분야에서 디지털화의 진전은 컨버전스(융복합, Convergence)를 가속시키고 있다. 컨버전스의 대표적 사례가 휴대폰이다. 휴대폰은 더 이상 통신기기가 아니고 정보기기, 종합생활기기이다.

휴대폰은 아날로그 시대에서 디지털 시대로 접어들면서 전화기 기능을 수행하는 제품에서 출발하였다. 그런데 휴대폰이 보급되면서 통화 기능 외에 제일 먼저 부가된 기능이 카메라 기능이었다. 그리하여 폰카(Phone Camera)가 등장하게 되었다. 그리고 카메라 기능에 선명한 캠코더 기능까지 추가된 고단위 화소의 폰카로 발전하게 되었다. 이어서 전 국민의 휴대폰 보급이 늘어나자 금융카드 기능이 부가되었다. 은행에서 발급하는 칩을 휴대폰 내에 끼워 넣으면 휴대폰이 카드 기능을 하게 되었다. 물건을 사고 나서 휴대폰으로 결제를 하는가 하면, 버스나 지하철 이용 시 휴대폰으로 요금결제를 하게 되었다. 십대들이 좋아하는 게임기능도 휴대폰에 들어와 첨단 소프트웨어의 다양함이 경쟁력 요소가 되었다.

DMB(Digital Mobile Broadcasting) 시대가 열리면서 DMB 폰이 등장하여 이동 중 모바일 상태에서 방송 프로를 시청할 수 있는 시대가 되었다. 나아가 홈오토메이션(home automation) 시스템을 원격조정하는 기능까지 추가하게 되었다. 외출 시 집안에 있는 가전장치들을 휴대폰을 통해 원격 조정할 수 있게 된 것이다. 최근에는 MP3, DMB, 네비게이션 외에 무선 인터넷 기능이 추가된 스마트폰(Smart Phone)이 나오게 되었다. 이 외에도 당뇨 측정 및 혈압 측정 칩이 내장되어 당뇨환자 및 노인들의 건강상태를 수시로 체크하는 휴대폰도 나온다고 한다. 이 핸드폰은 데이터 수치를 무선으로 담당의사에게 송신하는 기능을 선보이기에 이르렀다. 이처럼 전화 기능에서 출발한 휴대폰에 무수한 부가 기능이 추가되어 휴대폰 하나로 일상생활에서 필요한 각종 기능들을 다 소화하기에 이른 것이다.

이러한 융복합 현상은 휴대폰이라는 제품을 통해 각종 산업 간의 경계 내지 장벽을 무너뜨리는 결과를 만들어 내고 있다. 즉, 과거에는 통신 분야에 한정된 상품이었으나 이제는 정보통신, 가전, 자동차, 건설, 영화, 방송, 음악, 의료, 출판, 주택, 건설 등 전 산업이 휴대폰을 통해 서로 연계되는 현상이 나타나는 것이다. 자동차 관련 기술도 이미 전통적인 기계 분야가 아니라 전자 및 정보통신 분야가 되고 있다. 방송과 통신이 결합되면서 유무선 통신, 전화, 인터넷, 컴퓨터, 케이블 방송 간에도 통합이 이루어지고 있다. 이에 따라 인터넷 전화, 쌍방형 인터넷 TV(IPTV)가 등장하고 있다.

경영의 통합

기술뿐 아니라 마케팅, 상품개발, 조직관리 등 경영의 모든 면에서도 결합, 통합이 이루어지고 있다. 음식상품에서는 퓨전 스타일이 부각되고 있으며, 인도와 중국, 태국음식을 한꺼번에 즐길 수 있는 먹을거리 장터도 등장하고 있다. 이는 동서양 문화의 통합으로 이어지기도 한다. 금융기업이 공학 전공자를 채용하고 있으며, 이제는 대기업들이 MBA(경영학 석사)보다 MFA(미술학 석사)를 더 필요로 하고 있다. 대기업 교육훈련 담당자들도 사내 강사로서 과거에 기피하였던 철학이나 심리학, 역사, 문학 등 인문학 분야 교수들을 더 많이 활용하고 있다.

이명박 정부가 신성장동력으로 내세우는 관광산업에서의 창조경영도 결합으로 나타나고 있다. 관광 상품의 5대 요소인 볼거리, 들을거리, 체험거리, 먹을거리, 살거리를 창의적으로 결합시킨 상품이 곳곳에 등장하고 있다. 대표적 사례가 보령에서 여름기간 중 열리는 머드(Mud) 축제이다. 보령의 머드 축제는 서해안에 풍부하게 널려 있는 해변진흙에 착안하여 이를 관광 상품화시킨 것이다. 서해안의 해변과 낙조 등의 볼거리, 그곳에 설치된 머드 체험장에서 바다진흙을 온몸에 바르고 재미있게 즐기고 노는 체험거리, 머드가 만들어지는 과정과 보령의 역사에 대해 재미있게 이야기를 만들어 전달하는 들을거리, 그곳 해변에서의 해산물을 중심으로 한 먹을거리, 머드 비누·머드 팩·머드 화장품 등 살거리를 다양하게 결합시킨 사례라 할 것이다. 이질적인 것들을 결합 및 통합시키는 것이 지역개발의 좋은 사례가 되는 셈이다.

조직관리에서도 분산된 기능을 통합하는 방향이 부각되고 있다. 최근 공공기관이나 대기업 내에서는 지나친 분권화 내지 분산화가 각개 할거를 만들기 때문에 오히려 비효율적이라는 점이 지적되고 있다. 이런 점에서 분산된 각 기능을 적절하게 통합해 주는 통합형 리더십이이 다시 부각되고 있다.

조직 내 인력관리 측면에서도 통합이 요구되고 있다. 기업 간 인수합병(M&A)을 했지만 물과 기름처럼 어울리지 못하는 조직들이 많다. 이런 조직일수록 조직과 조직, 개인과 개인 간을 상호 결합시키는 능력이 요구된다. 경영자에게 요구되는 가장 중요한 능력도 조직의 각 부분들이 따로따로 기능하지 않도록 이들을 유기적으로 연결시키는 역량이라 할 것이다.

개인의 경력관리 면에서도 링커의 역할, 통합해 주는 전체적 통합자의 역할이 더 중요해지고 있다. 개인 경력관리 측면에서는 특정한 한 분야에만 관심을 가지고 딴 곳에는 한눈팔지 않으면서 그 분야에서만 전문가로 성공하려는 사람들이 있다. 특정 분야 기술자들이 오로지 연구개발에만 매달리면서 마케팅, 인사, 재무 등의 관리 분야 등에는 관심을 보이지 않는 부류들이다. 이들은 다른 분야에 대한 관심이나 멀티 플레이어에는 관심이 없다. 그리고 다양한 일을 폭넓게 경험해 보려고도 하지 않는다. 그러나 이들은 자신의 전문 분야에 대한 어려움이 올 때에는 위기를 겪을 수 있다.

다른 한 부류는 폭넓은 분야에 관심을 가지고 이것저것 다 해 보려는 타입이다. 어느 특정 분야의 전문성이 상대적으로 약할 수 있다는 것이 이들의 약점이기도 하다. 그러나 이들은 한 분야뿐만 아니라 여러 곳을 보기 때문에 특정 분야만의 장단점과 허실을 폭넓게 보는 안목이 있다. 한 부분밖에 보지 못하는 좁은 안목이 아니라 요구된 부분들을 종합적으로 볼 줄 아는 통찰력을 가지는 점에서 방향제시와 대안창출에 더 탁월할 수 있는 것이다. 이처럼 한 분야만 아는 사람보다는 멀티 플레이이의 역할을 하는 사람이 더 요구되고 있다.

학문의 통합

학문에서도 한 분야만 알아서는 시대를 살아가기가 어렵다. 학문에서도 통합이 필요한 이유는 IT 발전을 통해 엄청난 지식폭발과 축적이 이루어지고 있기 때문이다. 어느 누구라도 인터넷을 통해 수많은 지식정보에 손쉽게 접근할 수 있게 된 시대에서 한 부분에만 특화되어서는 사물과 현상을 제대로 보기 어렵다. 세상의 지식과 정보는 대해(大海)와도 같이 펼쳐지는데, 좁은 지식과 안목으로는 세상과 사람들을 알고 이해하기 어렵게 된 것이다.

신학분야도 마찬가지이다. 중세 시대에 학문의 중심은 신학과 의학이었다. 그런데 오늘날 신학은 다른 학문에 그 영역을 빼앗기고 하나님이라는 한 분야로 줄어든 상태가 되고 말았다. 과거의 신학은 철학, 심리학, 언어학, 역사학, 정치학, 경제학을 아우르는 종합학문이었다. 그러다가 제반학문들이 각 분야로 분화되어 발전을 거듭하면서 신학은 세상학문들과는 분리되어 신(God)만을 연구하는 협소한 학문영역으로 자리 잡고 말았다.

그러나 하나님이 어찌 세상과 분리되어 존재하실 수 있단 말인가? 타락한 세상이기는 하지만 그럴수록 하나님은 세상에 관심을 가지고 그 세상 속의 인간을 향해 끝없는 러브콜(Love Call)을 보내고 계시지 않은가? 이제 신학도 철학, 심리학 등 인문과학 분야뿐 아니라 경제학, 경영학, 사회학, 정치학 분야와도 연계되지 않으면 안 된다고 본다. 다른 분야 학문과의 연계, 통합을 얘기하면 그것이 혼합주의가 되고 신학과 신앙의 세속화를 불러일으킬 수 있다고 주장하는 이들이 있다.

그러나 신앙에서도 변할 수 없는 복음의 본질이 있는 반면, 복음을 전하고 표현하는 데는 문화라는 다양한 옷을 입지 않을 수 없다. 변할 수 있고, 변해야 하는 것을 변할 수 없는 것과 같은 선상에서 올려놓는 것은 올바른 자세가 아니라고 할 것이다.

신앙의 통합

신앙에도 다양한 색깔이 있다. 하나님이 한없이 넓고 크신 분인 것처럼, 신앙에는 다양한 모습이 있다. 목회에 있어서도 일터교회의 시대가 되고 있다. 이전에는 교회는 교회, 일터는 일터로 분리되어 제각기 다른 영역으로 작용하였다. 그러나 이제는 일터와 교회를 통합하는 능력이 목회자에게도 요구된다. 이 시대의 목회자는 일터를 알아야 한다. 교인들이 살아가고 돈을 버는 현장으로서 컨텍스트를 알아야 하는 것이다. 목회자에게도 텍스트(성경 본문)와 컨텍스트를 연결 짓는 능력이 요구된다. 영과 혼과 육을 연결 짓는 사고, 신학적 이론과 실천을 연결 짓는 것이 바로 목회에서의 통합이라 할 것이다. 목회란 부분을 연결 지어서 전체를 만들어 내는 것이 되어야 한다. 이 시대의 문제를 예수님 시대와 모세 시대, 다윗 시대, 예언자와 선지자의 시대와 연결 짓는 안목이 요구되는 것이다.

좋은 목회자는 비전 제시자로서, 교사, 경영자, 코치, 동기 부여자, 치유자, 상담가, 신학자, 사회복지 사업가로서 역할을 담당할 수 있어야 한다. 그야말로 오늘의 시대에는 목회에도 종합적 능력이 요구된다고 할 것이다. 그렇다고 슈퍼맨이 되라거나 그런 인물만이 목회자로 적절하다는 말은 아니다. 전체를 보고 올바른 방향의식을 가지면 각 부분들의 수행이 올바르게 될 수 있다는 말이다.

네트워크 형성

우리 사회가 통합으로 가야 하는 이유는 대립적인 목소리들이 서로 부딪히지만, 근본적으로는 서로가 공존해야 할 필요성이 더 크기 때문이다. 정치에서 통합이 요구되는 것은 갈등과 대립, 분열의 시대에서 화합과 하나 됨을 이끌어 내야 하기 때문이다. 그러나 통합의 과제란 생각보다 어려운 것이 현실이다. 이념적으로 갈등과 대립의 골은 너무도 깊은 것이 현실이다. "보수는 부패로 망하고 진보는 분열로 망한다."라는 말이 있다. 서로가 서로를 적으로 대할 것이 아니라 통합을 지향하지 않으면 결국은 공멸로 갈 수밖에 없다. 결국 다양성 속에 일치와 통합을 어떻게 이루어 낼 것인가는 오늘날 직장인들이 가지는 공통의 과제라고 할 것이다.

통합을 하는 데 중요한 것은 네트워크 형성이다. 이는 뜻을 같이 하는 각 분야별 사람과의 연계이다. 선한 사람들과의 연대, 부분과 부분, 분야와 분야를 잘 연결시키는 사람들이 필요하다. 물론 특정 분야에 깊은 지식과 경험을 가진 전문가들이 필요하다. 그러나 지금 시대는 오히려 부분과 부분, 분야와 분야를 잘 연결시키는 사람들이 필요하다. 특정 분야 전문가들이 자신들만의 지식과 경험을 최선으로 생각하고 고집할 때는 별도로 분리되어 쪼개진 부분의 조각 그림들만 있을 뿐 이들을 조합하여 하나로 연결한 큰 그림으로서의 모자이크는 만들어지지 않는다. 진주 목걸이도 개별의 진주를 끈으로 잘 이어야만 빛나는 명품이 되는 것이다.

개별들을 잘 연결시키는 역할자가 바로 연결자이다. 이러한 인물이 바로 이 시대의 통합적 네트워크 리더들이다. 네트워크형 리더는 어느 곳에서나 필요하다. 정부, 기업, 지자체, 교회, 사회단체 모든 곳에서 필요하고 요구된다. 이들이 전체를 보고 큰 그림을 그리며 개별적인 전문 분야들을 잘 통합시킬 때 갈등도 치유되고 구성원들을 한 마음으로 묶어 내면서 해당 조직과 공동체를 발전시킬 수 있을 것이다.

5

생존경쟁 속에서 공동체 정신 더하기

"믿는 무리가 한마음과 한 뜻이 되어
모든 물건을 서로 통용하고
자기 재물을 조금이라도 자기 것이라 하는 이가 하나도 없더라"(행 4:32).

내가 아는 어느 목사님이 있다. 증권업계에서 오래 일한 분들이라면 이 목사님을 대부분 잘 안다. 이분은 증권업계에서 증권회사마다 신우회를 조직하고 이들을 통하여 장애인, 소년소녀 가장들을 도우셨다. 매년 여름에는 장애인들을 수백 명 초청하여 여의도 한강수영장에서 대회를 연다. 그리고 매년 가을에는 장애인 초청 음악회를 연다. 그 음악회를 통해 자본시장에서 나오는 기부금 수천만 원을 전국의 수십 군데 장애인복지단체에 전달한다.

30년 넘게 그런 일을 해 오다 보니 이제는 어느 증권회사에서 사회 홍보비를 가지고 불우이웃을 돕는 데 쓰려고 하면 이분께 갖다 준다고 한다. 증권으로 돈을 번 큰손들 중에서 이분께 돈을 갖다 주는 사람들도 여럿 있다. 이분은 증권회사를 그만 두고 싶었고, 그만 둘 수도 있는 그런 여건에서도 꿋꿋이 자리를 지켜 가면서 이런 일들을 해 냈다.

직장 내 크리스천 공동체 형성의 한계

오늘날 대부분의 직장 내부구조는 치열한 생존경쟁을 바탕으로 이루어져 있다. 철저하게 이익을 추구하는 기업과 자영업체뿐 아니라 공조직으로서의 정부와 지방자치단체, 대학, 병원, 사회단체들도 무한경쟁 환경 속에서 살아남는 것이 최대 과제이다.

이러한 여건 속에서 한국의 대부분 직장은 철저한 상호 경쟁을 통한 능력, 실적 중심으로 나가고 있다. 직장인의 최대 관심인 급여구조 자체가 연공급 성격보다는 이미 능력급, 성과급 성격으로 변해 있다. 많은 직장들이 오래 있었다고 월급을 더 주는 구조가 아니다. 연공이나 서열보다는 능력 위주의 급여체제로 바뀐 것이다.

상여금이 실적과 연계되어 있는 구조로 심화되어 있기 때문에 한 사무실 동료 간에도 서로 간에 얼마의 연봉을 받는지 모르고 지낸다. 그래서 직장 내의 인간관계는 구성원들과 함께 살아간다는 공동체 정신보다 경쟁 심리를 최대한 부추겨 발버둥치게끔 하고 이를 악물고 실적을 올려야만 생존할 수 있는 인간관계 구조로 내몰리고 있는 현실이다. 이러한 분위기와 여건에 적응하지 못하는 사람들은 도태될 수밖에 없고, 그 구체적 모습이 명예퇴직, 구조조정 양태로 나타나고 있다. 이런 여건 속에서 사무실의 옆 사람은 사랑해야 할 동료라기보다 그가 잘하면 내가 못하는 것으로 평가받게 되는 경쟁자가 되고 있다.

직장인의 삶의 자리가 지니는 이러한 구조 때문에 신앙생활을 하는 직장인일지라도 많은 사람들은 직장에 와서 내가 크리스천이라는 것을 드러내지 않으려고 한다. 이런 분위기가 거세지는 직장환경에서는 신우회라는 조직을 만드는 것, 정기적인 예배모임을 가지는 것 자체가 어려워지고 있다.

특별히 몇몇 헌신적인 사람들이 모임을 만들고 이끌어 가다가도, 전근, 해외이동, 지방근무 등으로 근무지를 옮기면 이를 대신할 헌신자가 없을 경우 그 신우회는 명맥이 끊기게 되는 경우가 허다한 실정이다.

공동체성과 집단성

그러나 아무리 직장현실이 각박하다 할지라도 크리스천들은 이웃사랑을 실천하지 않을 수 없다. 이는 하나님이 주신 명령이기 때문이다. 이웃사랑은 같은 직장에서 근무하는 구성원들과 함께 일하고 기뻐하며 나누는 공동체 정신으로 나타날 수밖에 없다.

하나님이 우리에게 원하시는 것은 우리 삶에 공동체성이 자라는 것이다. 공동체 정신은 가짐(To Have)의 가치보다 됨(To Be)의 가치를 더 중시한다. 이곳에는 나눔이 있다. 여기에는 돌봄과 섬김이 있다. 경쟁의 가치보다는 협력의 가치를 더 중시한다.

공동체는 개인주의를 거부하는 것이 아니다. 개인이 중심이 되면서 이기주의적 행태로 치닫는 것을 반대하는 것이다. 집단주의는 개인의 가치, 자유, 자율성, 창조성을 무시하는 성향을 띤다. 따라서 집단성과 공동체성의 차이점은 분명하다. 공동체성의 특징은 사랑, 나눔, 선한 경쟁, 협력, 돌봄과 섬김, 기꺼이 자원함으로 목표달성, 정신적·물질적 보상, 일과 관계의 기쁨, 개인에 대한 존중, 개인 간의 차이 인정, 다양성 가운데 일치이다. 반면에 집단성은 지배와 복종, 시기와 질시, 승자 싹쓸이, 명령, 지시, 반목, 의무적 목표달성, 물질적 보상 중심, 승리와 쟁취, 집단 통일성, 획일성으로 나타난다. 따라서 "우리 조직이 공동체성을 띠고 있는가? 집단성을 띠고 있는가?"는 양자 중에서 어떠한 특성이 강하게 나타나는가를 보면 될 것이다.

공동체자본주의와 사회적 기업

최근 기독교 시민단체를 중심으로 시장 중심의 자본주의를 인정하고 발전시키되 여기에 공동체성을 더하자는 공동체자본주의 이념이 논의되고 있다. 공동체자본주의는 시장만능주의에 가까운 신자유주의나, 정부가 모든 것을 잘할 수 있다는 정부만능주의도 배격한다. 개인의 경제적 인센티브가 보장되는 자유시장경제를 기반으로 하고 창조적 자본주의를 지지한다. 그리고 실물경제 및 자본시장에서 시장경쟁을 잘 활용하여 경쟁력 있는 기업이 되어야 한다고 말한다. 그리고 그렇게 창출된 수익으로 불평등 해소에 기여하는 창조적 나눔에 기여하게 하려 한다.

공동체자본주의는 사회민주주의가 아니다. 사회민주주의 경우, 정부가 고율의 세금으로 개인의 소득을 환수하려 한다. 이럴 경우 개인들의 경제활동에 대한 인센티브가 줄어들어 근로의욕이 감퇴하거나 우수한 인적자원들이 해외로 유출되는 등 국가경쟁력 저하의 문제가 발생한다. 그래서 자유주의적인 경제원칙들을 살리되, 수익의 적극적 나눔을 통해 공동체의 건강한 발전을 도모하려는 것이다.

마이크로소프트의 창시자이며 세계 최고의 갑부이자 성공한 IT 사업가인 빌 게이츠(William H. Gates)는 2007년 하버드대학교의 졸업식 축사에서 졸업생들에게 그들의 사회적 책임을 강조하는 "창조적 자본주의"를 주창하였다. 그리고 전 재산을 사회에 환원하여 창의적 방법으로 지구촌을 돕는 '빌앤멜린다게이츠재단(Bill & Melinda Gates Foundation)'을 설립하였다. 그래서 공동체자본주의는 윌리엄 윌버포스, 유일한, 빌 게이츠 등과 같은 도덕적 엘리트들을 통해 자발적 사회기부와 나눔문화를 확대하면서 보람과 기쁨으로 사회적 약자계층을 도우려고 한다.

사회적 기업 역시 기업원리를 충실히 적용해서 경쟁력을 갖추고 수익을 많이 내는 것을 지지한다. 그러나 수익을 쓰는 곳이 주주에게 환원하는 개인적 배당에 쓰기보다는 사회적 나눔의 현장으로 직결되도록 하려 한다. 이윤창출 목적이 사회적 역할에 있다는 점에서 일반 기업들과는 구분된다고 할 것이다. 사회적 기업은 정부나 대기업이 해결에 실패한 환경파괴, 인권차별, 실업, 교육 불평등, 경제사회 양극화, 제3세계의 빈곤과 질병 등의 사회문제를 시장경제의 원리를 활용해 해결하려 한다.

대표적인 사례가 방글라데시에서 1983년부터 극빈자들에게 150달러 안팎의 소액을 담보 없이 소액신용 대출하는 마이크로크레딧(Micro-credit: 저소득층을 대상으로 하는 무담보 신용대출) 운동을 시작한 그라민뱅크(Grameen Bank)이다. 이러한 마이크로크레딧 운동은 큰 성과를 거두어 그라민뱅크는 2006년 현재 2,185개 지점과 18,000여 명의 직원이 종사하는 거대은행으로 발전하였다. 대출금은 100% 예금으로 충당하고, 회수율은 99%에 육박한다고 한다. 이 은행은 1993년부터 흑자로 전환되었으며, 대출받은 600만 명의 빈민들 가운데 58%가 빈곤에서 벗어났다고 한다.[33]

이러한 마이크로크레딧 운동은 전 세계로 퍼져 나가 UN은 2005년을 '마이크로크레딧'의 해로 정하기도 하였다. 그리고 그라민뱅크의 설립자이자 총재인 무하마드유누스(Muhammad Yunus)는 빈곤층과 여성 등 사회적 약자의 경제적, 사회적 발전을 이끌어 낸 공로로 2006년 노벨평화상을 수상하였다. 한국의 경우는 아름다운 재단이 주관하는 아름다운 가게, 사랑의 교회가 실시하는 소액대출 운동이 이러한 사례에 속한다고 할 것이다.

한국기업들도 기업의 사회적 책임(CSR, Corporate Social Responsibility) 차원에서 사회적 봉사에 적극 기여하고 있다. 전국경제인연합회가 회원사를 대상으로 2005년에 조사한 자료에 따르면 한국기업들이 사회공헌에 지출한 금액은 연간 1조5천억 원에 이르는 것으로 나타났다. 여기에는 소외계층 지원을 위한 후원금, 장학 및 학술연구지원금, 예술문화 지원금 등이 포함되는 것으로 나타났다.

기부액을 분야별로 구분해 보면 장학·학술·연구가 제일 높고, 그 다음으로 사회복지, 교육지원, 지역사회 후원, 예술문화, 스포츠, 재해복구, 환경보전 순으로 나타났다.[34] 응답한 202개 기업을 기준으로 놓고 볼 때 기업평균 지출액은 2002년도 기준으로 53억 수준이다. 이는 기업평균으로 매출액 대비 0.17% 수준이며, 경상이익의 1.3%, 세전이익의 1.8% 수준이다. 일본기업의 평균적 사회공헌 지출액이 매출액 대비 0.13%라고 하는데 이에 비하면 한국기업은 평균적으로 일본기업보다 더 많은 비중의 사회공헌 지출을 하는 것이라고 볼 수 있다.[35]

최근 들어 급증한 임직원의 사회봉사 활동에 들어가는 인건비, 경비까지 고려한다면 더 많은 사회공헌을 한다고 볼 수 있다. 물론 기업별로는 상당한 차이가 있다. 삼성의 경우 한해 사회공헌에 쓰는 지출이 5천억 원에 이르고 있다. 그리고 현대차, LG, SK, 포스코, KT, 이랜드, 교보 그룹이 100억 수준을 넘어 수백억 원대에 이르는 지출을 하고 있는 것으로 나타났다.[36] 삼성의 경우 자원봉사 참여인원은 연평균 67,000명에 이르며, 이는 전체 삼성 계열사 임직원의 54.7%에 이르는 규모라고 한다. 그리고 봉

사에 참여한 임직원들은 연평균 1인당 13시간을 자원봉사에 투입한 것으로 나타났다.[37)]

어쨌든 재벌 기업들도 사회적 책임에 적극 참여하는 것은 바람직한 현상이다. 다만 앞으로는 이러한 기여가 자신들의 마케팅이나 기업 이미지 차원에서가 아니라 사회적 기업 차원으로까지 나아갔으면 하는 바람이다.

공동체적 조직문화

공동체자본주의는 공동체적 조직문화를 지향한다. 공동체적 조직문화는 기업의 이윤추구, 시장의 경쟁질서를 옹호한다. 공동체자본주의는 주주자본주의라기보다 이해관계자자본주의에 가깝다. 즉 주주와 소비자, 종업원, 정부, 지역사회, 사회단체의 요구를 가능한 다 만족시키려 한다. 그중에서도 종업원, 정부와 지자체, 사회단체의 요구와 경영방침을 일치시키려 한다. 이윤사용에 관해서도 기업의 사회적 책임을 강조한다. 고용에 있어서도 가능한 구조조정, 감원을 자제한다. 고용유지에 부정적 영향을 미친다면 최신 설비도입이나 자동화 조치도 일자리 유지보다 먼저 하지 않을 수 있다. 특히 요즈음과 같이 고용 문제가 심각한 여건에서는 일자리 나누기를 통해 일자리 늘리기를 적극 추진한다.

여타의 기업활동에서도 윤리성과 투명성을 강조한다. 환경, 마케팅, 재무관리에서 비윤리적 행위로 인식될 수 있는 뇌물, 과장광고, 분식회계, 비자금 조성을 배척한다.

유한킴벌리(Yuhan Kimberly)도 기업이념에서 인간 중심, 고객 중심, 지속적 혁신을 통한 신뢰경영, 감동경영, 가치경영을 추구하고 있다. 특히 유한킴벌리는 생산성 향상을 위해 자동화 설비를 도입했지만 기존 직원들의 근무형태를 4조 2교대라는 독특한 형태를 실시함으로써 인력감축을 실시하지 않았고, 고용을 더 늘리는 방식을 택하였다. 특히 근무가 없는 휴식시간에는 교육훈련 시간을 다양하게 활용함으로써 직원 개인역량 향상과 함께 조직문화를 학습조직 평생학습 문화로 만들었다. 이러한 기업문화 만들기가 공동체적 조직문화의 한 사례라 할 것이다.[38]

공동체적 조직문화는 고성과를 위한 동기부여에 있어서도 꼭 개인차등 중심의 성과급이나 연봉 등의 인센티브로만 하지 않는다. 공동체성을 강화하려면 팀 문화를 강조하고 팀 프로젝트를 활성화시키는 것이 바람직하다. 인센티브도 가능한 팀 인센티브로 가고, 개인 인센티브로 인해 이기주의적 행태로 흐르지 않는 것이 좋다. 물론 이를 위해서는 공정한 성과 평가와 바람직한 평가 프로세스, 평가 시 객관성과 투명성 제고가 전제되어야 한다. 그리고 단기실적 중심의 이기적 동기로만 나가는 성과주의에는 단점이 더 많다는 것을 인식하여야 한다.

스탠포드경영대학원의 제프리 페퍼(Jeffrey Pfeffer) 교수는 성공하는 기업의 인적경쟁력은 핵심인재에 달려 있다기보다, 지속적인 교육훈련을 통해 역량이 개발된 평범한 인재들에게 달려 있다고 말한다. 탁월한 한두 사람에게만 초점을 맞출 경우 그가 개발한 특정기술은 다른 기업이 금방 베낄 수 있고, 그 사람도 더 좋은 조건에 다른 기업으로 갈 수 있기 때문이다. 그는 인사평가 시스템에서도 잭 웰치(Jack Welch) 스타일의 강제배분 평가나 다운 사이징적 접근은 바람직하지 않다고 말한다. 기존 사람을 해고하는 방식으로는 인재가 남지 않는다고 말한다. 이는 직원들 마음에 두려움, 보복심리를 만들어 내고 자기 것만 챙기려는 극도의 이기적 프로들만 양산하는 결과를 만들 뿐이라고 말한다.

오히려 조직문화로서 고용안정, 팀워크와 자율성 부여, 상하 간 신뢰 분위기, 눈치 보지 않는 창조적 분위기 조성이 중요하다고 말한다. 나아가 일하기 좋은 기업으로서 내부만족도가 높은 기업은 평범한 사람들에게 공동체 의식을 북돋우고, 창조적 역량을 지닌 수많은 직원들을 지속적으로 길러 내는 데 있다고 말한다. 절대 잘난 핵심소수만의 개발에 인사정책 초점을 맞추지 말아야 한다고 말한다.[39]

공동체적 조직문화는 구조조정, 외주화, 강제 배분식 상대평가, 핵심인재 위주 경영을 자제한다. GE의 구조조정 기간 중 10만여 명이 넘는 인력을 잘랐다는 잭 웰치는 중성자탄이라는 별명을 얻을 정도로 많은 사람들을 감원시켰다. 잭 웰치는 20세기 최고의 경영자라는 평판도 들었지만, 제프리 페퍼 교수는 그를 형편없는 경영자로 혹평하였다.

미국 기업에서도 사우스웨스트항공(Southwest Airlines) 등 공동체성을 살리면서 최고의 실적을 올리는 기업들이 있다. 이곳은 급여수준이 제일 높은 곳도 아니다. 직원들 간의 끈끈한 인간적 유대, 서로에 대한 신뢰와 사랑의 관계, 친밀감 이런 것들이 최고의 직장으로 만들게 하는 것이다. 직원들에게는 서로 공유하는 핵심가치가 분명하다. 일에 대한 재미, 즐거움, 서로에 대한 배려와 같은 것이다. 꼭 기독교적 가치를 표방하지 않는 기업일지라도 이러한 공동체성은 충분히 살릴 수 있다.

일본식 경영과 미국식 경영

일본기업들은 조직 내에서 개인을 강조하기보다는 개인을 조직과 집단 내의 일원으로 보는 경향이 강하다. 반면에 미국기업은 개인을 조직 속의 일원으로 보기보다는 조직을 다양한 개인들이 모인 곳으로 본다. 따라서 개인 간의 차이를 당연하게 받아들이고 다양성 속에서 공유점을 찾는 분위기다.

회사생활에서 조직 구성원들과 회식을 할 때에도 일본인들은 동일 메뉴를 같이 먹는 것에 대해 별 거부감 없이 받아들인다. 그러나 미국인들은 개인 취향에 따라 각자의 메뉴를 시키며, 서로가 같은 음식을 먹는 것을 오히려 이상한 것으로 받아들인다. 일반적으로 일본기업들이 가지는 공통적인 경영철학을 일본적 경영이라고 표현한다. 대표적인 세 가지 특성으로서 '종신 고용제', '연공 서열제', '기업 내 노조'를 말한다.

나는 오래 전 대우자동차에서 경차인 티코(Tico)를 개발할 때 일본 하마마쯔(Hamamatsu)에 있는 스스끼 공장에서 몇 주간 연수경험을 가진 적이 있었다. 그 당시 미국이나 전 세계는 "일본기업을 배우자."라는 캐치프레이즈 아래에 자동차, 전자 분야의 생산성과 품질을 배우는 데 열심이었다. 그때 느낀 일본인들의 집단주의적 성향, 특히 오야지(親父)와 꼬붕(子分) 정신이 참 인상적이었다. 내가 회사와 상사에게 충성을 바치면 회사는 반대 급부로 내 고용안정과 연공에 따른 대우를 보장해 주는 그런 시스템이었다.

그러나 일본은 90년대에 접어들면서 버블 붕괴를 겪게 되었다. 장기불황에 접어들자 일본기업들이 지닌 독특한 철학에는 다양한 변화가 오게 되었다. 그들이 금과옥조처럼 여겨 왔던 종신고용과 연공서열제에는 도전의 바람이 몰아쳤다. 많은 일본기업들이 이러한 관행을 바꾸고 능력주의와 성과에 따른 차별대우를 당연한 것으로 여기는 변화가 일어났다.

90년대에 접어들어 일본에게 제조업 경영을 배우던 미국은 IT 분야를 중심으로 주도권을 회복하게 되었다. 그리하여 90년대부터 미국기업은 글로벌 스탠다드(Global Standard)의 이름으로 일본과는 차별되는 미국적 경영을 부각시켰다. 이러한 경영방식은 인사관리 분야에서 능력주의, 신인사제도, 성과급, 연봉제 등의 형태로 한국기업에 물밀듯이 밀려들었다. 사람을 선발, 배치, 평가, 보상하는 방식에 있어서 연공이라는 속인적 요소- 나이, 근속기간, 학력, 경력 등-보다는 직무를 강조하게 되었다. 연공보다는 능력을, 능력보다는 성과를 우선하게 되었다.

회사와 직원 간의 고용관계에 있어서도 능력과 성과가 좋으면 어디에서든지 스카우트가 들어오는 반면, 능력이나 성과가 좋지 않으면 언제든지 자리를 내놓아야 하는 분위기가 강화되었다. 고용주로서의 회사는 실력 있는 인재를 데려오는 것에 회사의 미래가 달려 있는 것으로 인식하게 되었다. 그래서 핵심인재 확보전쟁으로서 기업들의 인재 모셔오기와 인재유지, 개발이 기업 경쟁력 핵심으로 인식되었다. 반면 직원들 입장에서는 평생 직장의식이 깨진 만큼 실력이 있으면 전직하는 분위기를 선호하게 하였다.

나는 한국 사람들의 정서에는 일본인들과 유사한 집단적 성향도 많다고 본다. 반면에 미국인들의 개인주의적 성향도 있다고 느낀다. 그 사람이 속한 기업이나 조직의 문화에 따라 다를 것이다. 전통적인 제조업 중심의 기업체는 집단적 성향이 강하다고 보인다. 반면에 외국계 기업이나 IT, 벤처, 금융, 서비스 기업에는 개인적 성향이 강하다고 느낀다.

그리고 세대별로도 성향이 다르다. 40-50대 이상은 집단적 성향이 강한 반면, 20-30대는 개인적 성향이 강하다. 미국기업이나 일본기업에게는 모두 다 장점도 있지만 단점도 있다고 본다. 나는 오늘의 상황에서 공동체 정신이 일본적 경영으로서의 집단주의와 미국적 경영으로서의 개인주의를 다 포함할 수 있다고 본다. 일본적 경영의 장점은 협력정신이다. 반면 미국적 경영의 장점은 경쟁정신이다. 이 두 가지가 다 필요하다.

협력정신의 개발

공동체 정신을 개발하기 위해서는 경쟁 못지않게 팀워크로서의 협력 정신을 개발해야 한다. 협력은 공동체 정신과 팀 정신을 기본으로 한다. 공동체 정신이란 "우리가 잘되어야 나도 잘되는 것"이라는 인식이다. "네가 잘되면 내가 못되는 것"이 아니라 "네가 잘하면 우리 모두가 잘하는 것"이라는 바탕이다. 팀 정신이란 "우리보다 잘난 개인은 없다."라는 신념을 바탕으로 한다. 이는 아무리 탁월한 개인일지라도 팀원 모두가 힘을 합한 결과보다는 못하다는 믿음이다. 이럴 때 서로 힘을 합하고 협조한다.

그리고 한 개인의 이익만을 내세우지 않고 우리 팀과 전체의 이익을 위하여 개인이 양보하기도 하고 나아가 희생하기도 하는 것이다. 이럴 때 개인의 이익보다는 팀의 이익, 부분의 이익보다는 전체의 이익, 개인차원의 보상보다는 집단차원의 보상이 이루어지게 된다. 협력을 위해서는 서로 양보할 줄 알아야 한다. 이를 위해서는 너에게도 좋고 나에게도 좋은 것이 무엇인가를 찾는 승승(Win Win)적 상호관계가 필요하다.

오늘 우리에게는 경쟁정신 못지않게 협력정신이 필요하다. 기업이나 단위조직으로는 외부 경쟁자를 향한 경쟁을 강조하며 경쟁력 배양을 추구할 필요가 있다. 이를 위해 성과나 실적 지향의 시스템을 구축해야 한다. 그러나 조직 내부적으로는 경쟁 못지않게 협력이 강조되어야 한다. 협력이란 무엇인가? 서로 공존하는 것이다. 서로의 존재를, 가치를, 필요성을 인정하고 이 위에서 서로가 함께 힘을 합해 가는 것이다. 경영자와 노조, 관리자와 실무자, 모기업과 협력업체, 생산 부서와 영업 부서, 생산 부서와 기술 부서가 이런 관계인 것이다. 협력은 서로를 위하고 돕는 것이다. 서로의 필요를 인지하고 그에 맞추어 주는 것이다. 그리고 서로의 약점을 보완해 주는 것이다. 잘할 때 칭찬해 주고 못할 때 비난하기보다는 격려해 주는 것이다. 크리스천 직장인들은 이러한 협력정신을 고취시키는 사람이 되어야 한다.

6

야망 가운데 섬김의 리더십 키우기

"너희 안에 이 마음을 품으라 곧 그리스도 예수의 마음이니
그는 근본 하나님의 본체시나 하나님과 동등됨을 취할 것으로 여기지 아니하시고
오히려 자기를 비워 종의 형체를 가지사 사람들과 같이 되셨고
사람의 모양으로 나타나사 자기를 낮추시고 죽기까지 복종하셨으니
곧 십자가에 죽으심이라"(빌 2:5-8).

모든 조직은 그 조직을 끌고 가는 '리더의 그릇' 크기만큼 간다는 얘기가 있다. 교회이든, 기업이건, 정부나 공공기관이건 그 조직을 끌고 가는 리더가 누구이냐가 중요하다. 그러나 좋은 리더가 된다는 것은 참으로 어렵다. 정부, 기업, 사회단체에는 수많은 리더가 있다. 그러나 우리 주변에 "저 사람은 정말 본받고 싶어, 저 사람이라면 내가 개인적으로라도 잘 모시고 싶어!"라는 그런 마음을 자아내는 리더는 많지 않은 것 같다. 세상 조직의 리더들은 머리가 되고 싶다는 욕망과 우러름을 받고 싶은 야망으로 적절하게 포장되어 있는 경우가 많다.

인간 속에는 육신의 정욕과 안목의 정욕, 이생의 자랑이 있기 때문에 이러한 욕구나 욕망은 어느 누구에게 어느 정도는 있다고 할 것이다. 물론 크리스천도 마찬가지라고 할 것이다. 아무리 은혜를 입고 구원을 받았다고

확신하는 사람일지라도 세상 속에서 조직을 끌어가려면 힘으로 군림하여 지배하고 통치하는 모습을 띠게 된다.

느헤미야와 같은 리더

성경에 나오는 바람직한 리더십의 대표적 인물은 느헤미야이다. 그는 예루살렘 총독으로 있으면서 유대 성벽을 재건하였다. 바벨론 포로기간 중 예루살렘을 과거의 여호와 신앙으로 회복시킨 인물이다. 그는 자신의 자리에서 주위 사람들에게 가장 바람직한 영향력을 미친 인물이다. 그를 공격하고 대적하는 무리들도 많았지만 그럼에도 불구하고 예루살렘 성벽 재건을 완벽하게 수행해 내었다. 그것이 가능했던 것은 그 자신부터가 흠잡을 데 없이 성결하였기 때문이다. 그리고 그는 자기 동포를 향해 눈물로 기도하였던 사람이었다.

느헤미야서 1장을 보면 그가 어떠한 사람인지 잘 나와 있다. "내가 이 말을 듣고 앉아서 울고 수일 동안 슬퍼하며 하늘의 하나님 앞에 금식하며 기도하여 이르되 하늘의 하나님 여호와 크고 두려우신 하나님이여 주를 사랑하고 주의 계명을 지키는 자에게 언약을 지키시며 긍휼을 베푸시는 주여 간구하나이다 이제 종이 주의 종들인 이스라엘 자손을 위하여 주야로 기도하오며 우리 이스라엘 자손이 주께 범죄한 죄들을 자복하오니 주는 귀를 기울이시며 눈을 여시사 종의 기도를 들으시옵소서 나와 내 아버지의 집이 범죄하여 주 앞에 범죄함을 자복하오니 주는 귀를 기울이시며 눈을 여시사 종의 기도를 들으시옵소서"(느 1:4-6)라는 본문은 그가 어떠한 인물이었는가를 잘 말해 준다.

그의 지시에 사람들이 따를 수 있었던 것은 그 자신부터가 모범이 되었고 솔선수범하였기 때문이다. 느헤미야서 5장 말씀을 보면 "내가 백성의 부르짖음과 이런 말을 듣고 크게 노하였으나...귀족들과 민장들을 꾸짖어 그들에게 이르기를 너희가 각기 형제에게 높은 이자를 취하는도다...너희는 너희 형제를 팔고자 하느냐...우리 하나님을 경외하는 가운데 행할 것이 아니냐...그 이자 받기를 그치자...너희는 그들에게 오늘이라도 그들의 밭과 포도원과 감람원과 집이며 너희가 꾸어 준 돈이나 양식이나 새 포도주나 기름의 백분의 일을 돌려보내라 하였더니...우리가 당신의 말씀대로 행하여 돌려보내고 그들에게서 아무것도 요구하지 아니하리이다...내가 옷자락을 털며 이르기를 이 말대로 행하지 아니하는 자는 모두 하나님이 또한 이와 같이 그 집과 산업에서 털어 버리실지니...회중이 다 아멘 하고 여호와를 찬송하고 백성들이 그 말한 대로 행하였느니라"(느 5:6-13)고 나온다.

이처럼 그가 말한 바는 그대로 백성들에게 받아들여졌다. 당시 가난한 유다 백성들이 "이제 우리 자녀를 종으로 파는도다 우리 딸 중에 벌써 종 된 자가 있고 우리의 밭과 포도원이 이미 남의 것이 되었으나 우리에게는 아무런 힘이 없도다 하더라"(느 5:5)며 고통을 호소하자 이자를 놓고 돈벌이를 했던 귀족층을 꾸짖었다. 그리고 그들에게 토색한 것을 돌려주라는 그의 요구에 귀족들도 그대로 따랐다.

그는 자신이 당연히 받을 수 있었던 녹봉조차 받지 않았다. 이 점에서 주위 사람들은 그의 진실성에 감동을 받고 따랐다. "유다 땅 총독으로 세움을 받은 때...내가 총독의 녹을 요구하지 아니하였음은 이 백성의 부역이 중함이었더라"(느 5:14-18)에서 그가 리더로서 보인 모습은 진정한 크리스천의 삶이 어떠해야 하는지를 보여 주는 모범이라 할 것이다.

요셉의 통찰력과 다니엘의 비타협성

성경에 나오는 인물 중 탁월한 총리로서 잘 알려진 인물이 요셉과 다니엘이다. 그들은 미래 통찰력이 뛰어난 인물이었다. 요셉은 애굽 왕 바로의 꿈을 해석하였다. 물론 하나님이 주신 영감으로 꿈을 해석하였지만, 이러한 통찰력을 바탕으로 애굽 총리로 있을 때 7년 풍년과 7년 가뭄의 문제를 해결하였다. 7년간 풍작이 올 때는 모두가 풍년이 지속될 것으로 생각할 수 있었다. 어느 누구도 엄청난 흉년이 닥칠 것으로 예상하지 못했을 것이다. 그러나 요셉은 풍년의 시기에 흉년을 예측하고 이에 상응하는 준비를 한 것이다. 미래에 대한 탁월한 예측과 대응으로 위기 시대를 헤쳐 간 것이다. 오늘 우리 시대의 리더에게도 요셉과 같은 안목이 요구된다고 할 것이다.

다니엘은 바벨론과 메대, 바사 시대에 걸쳐서 국무총리 역할을 하였다. 그의 치리자로서 탁월성은 놀라울 정도이다. 느부갓네살과 벨사살, 다리오, 고레스에 이르기까지 그는 총리로서 이름을 떨쳤다. 그는 탁월한 꿈 해석을 통하여 그의 왕들로 하여금 자신이 믿는 야훼 하나님께 영광을 돌리게 하였다.

요셉과 다니엘이 국무총리에까지 오를 수 있었던 것은 하나님이 그들에게 주신 꿈 해석이라는 통찰력이었다. 상전의 꿈을 해석할 때 하나님께 받은 영감을 통해 그들을 감동시킨 것이다. 요셉이나 다니엘 모두 어렸을 때부터 순결한 신앙훈련을 쌓아온 사람이었다. 요셉은 시위대장 보디발의 집에 있을 때부터 성실함을 통해 신뢰를 받은 사람이었다. 창세기에는 "요셉이 그의 주인에게 은혜를 입어 섬기매 그가 요셉을 가정 총무로 삼고 자기의 소유를 다 그의 손에 위탁하니 그가 요셉에게 자기의 집과 그의 모든 소유물을 주관하게"(창 39:4-5전)하였다고 기록되어 있다. 다니엘도 "다니엘은 뜻을 정하여 왕의 음식과 그가 마시는 포도주로 자기를 더럽히지 아니하리라 하고 자기를 더럽히지 아니하도록 환관장에게 구하니"(단 1:8)라고 기록되어 있다. 이처럼 요셉과 다니엘은 어렸을 때부터 야훼 신앙으로 훈련받은 사람이었다. 이들은 어려운 고초들을 겪었다. 요셉도 형들에게서 노예로 팔리는 아픔과 감옥생활에서의 고초를 겪었다. 다니엘도 바벨론 포로로서 타국에 끌려가는 삶을 살았고, 비타협적인 우상숭배 거부로 어려운 핍박을 당하였다. 우상에게 절하라는 왕의 요구를 거절하였고, 그로 인해 사자 굴에 갇히기도 하였다. 그리고 그의 친구들은 풀무불에 올라가는 시련을 당하였다. 그렇지만 그 모든 공격과 유혹을 믿음으로 지켜 냈다. 그럼으로 다니엘의 상전인 바벨론의 왕들은 다니엘 때문에 여러 번 하나님을 찬양하게 되었다. 애굽의 왕도 국무총리에 있던 요셉으로 인하여 요셉의 하나님을 시인하게 된 것이다.

서번트 리더십

크리스천 리더십 개발의 큰 방향은 신앙과 전문적 실력 배양이라는 두 가시 모두의 추구이다. 신앙이란 믿씀과 기도를 통한 영적인 깊이, 영성계 발이라 할 것이다. 반면에 전문적 실력은 리더로서 자기 분야에서 요구되는 지식, 기술, 태도 수준을 높이고 개발하는 것이다.

예수님, 아브라함, 이삭, 야곱, 요셉, 모세, 여호수아, 다윗, 선지자들, 베드로, 바울, 요한 등 성경에 나오는 리더들의 공통된 특징을 보면 무엇보다 하나님과의 만남이 먼저라고 할 것이다. 그런 이후 리더에게는 하나님과의 관계형성과 유지가 끊임없이 이어지는 과제였다. 특히 크리스천 리더에게 있어서 성령에의 민감함은 무엇보다 중요한 자기관리 과제이다. 성령과의 교통(질문과 영감, 음성 듣기)을 통해 '성경에 기록된 말씀'(Written Word)을 '오늘 나에게 주시는 말씀'(Now Speaking Word)으로 받을 수 있어야 한다.

크리스천 리더는 하나님과 구성원을 섬김으로써 자신이 속한 조직과 세상을 하나님 나라로 변화시켜 가는 역할을 감당하는 사람이다. 그러기 위해 크리스천 리더는 하나님이 주시는 말씀에 근거한 비전과 방향을 구성원에게 제시하여야 할 것이다.

그리고 구성원들과의 지속적 교류를 하면서 하나님이 구성원들에게도 주시는 말씀과 비전을 통해 자신이 제시한 비전, 전략, 목표의 올바름을 확인하여야 할 것이다. 그럼으로써 구성원들과 긍정적 커뮤니케이션을 지속하여 올바른 성과를 창출하고 이에 대해 하나님과 구성원에게 피드백할 수 있어야 한다. 결국 크리스천 리더는 하나님과 사람에게 섬김의 가치를 실현하는 서번트(Servant) 리더인 셈이다.

이러한 크리스천 서번트 리더십의 특징은 먼저 자기 정체성이 분명하다는 것이다. 자신을 하나님의 자녀, 예수님의 제자, 성령님과의 동행자로서 인식하고 실천해 가는 것이다. 그리고 크리스천 서번트 리더의 핵심가치는 생명과 사랑이다. 이러한 서번트 리더의 특징은 나눔과 섬김, 돌봄과 솔선수범, 자기희생이다.

진주가 만들어지는 과정

리더가 왜 중요한가? 리더란 주위 사람들에게 영향을 미치고 이끌어

가는 사람이기 때문이다. 그래서 그가 어떠한 사람인가가 중요하다. "그를 움직이고 그가 영감을 받는 곳이 어디인가? 그의 행동을 결정짓는 내면의 상태는 어떠한가? 그의 생각과 감정의 기저는 어디에 연결되어 있는가?"를 보아야 한다. 리더가 자신의 꿈을 이루어 가는 데는 수많은 역경과 시련을 만나게 된다. 이런 과정 없이 탁월함을 이루어 낸 리더는 없다. 이 과정에서 만나는 고난들을 극복하는 것이 무엇보다 중요하다.

진주가 어떻게 만들어지는지 아는가? 진주조개 살이 모래나 이물질 때문에 상처가 생기면 조개는 분비물을 내어 그 상처를 감싸게 된다. 그 분비물이 계속 흘러나오면 상처와 분비물이 점차적으로 함께 달라붙어서 굳어지게 된다. 점차 그 부분이 시간이 지나면 둘러싸인 분비액으로 인해 아물어지고 딱딱해지면서 상처를 느낄 수 없을 만큼 영글어지게 된다. 그렇게 오랜 세월이 지나면 그 부분이 아름다운 모습의 결석으로 변화되고 그것이 바로 진주가 된다.

이처럼 진주가 만들어지는 처음 과정은 상처가 생기고 그 아픔을 감싸기 위해 분비물이 흘러나오는 것이다. 진주가 만들어지는 오랜 과정을 지켜보면 우리 인간이 만들어 내는 아름다운 결과물도 흡사하게 보인다. 아름다운 예술품이 만들어지기 위해서는 그 과정의 오랜 변화를 거친다. 그리고 거기에는 상처나 아픔, 고통이 뒤따른다. 그리고 하루아침에 진주가 만들어지지 않듯이 오랜 시간의 기다림이 필요하다. 고통을 승화시킨 결정물이 진주와 같이 아름다운 작품으로 나타난다.

고린도전서 1장 27절에서 하나님께서 세상의 미련한 것들을 택하사 지혜 있는 자들을 부끄럽게 하시고 세상의 약한 것들을 택하사 강한 것들을 부끄럽게 하시며 하나님께서 세상의 천한 것들과 멸시받는 것들과 없는 것들을 택하사 있는 것들을 폐한다고 하셨다. 진주가 분비물을 내는 것은 우리가 상처와 연약한 부위 때문에 눈물을 흘리는 과정과 같다. 그 약한 부위가 눈물과 고통을 통해서 영글어질 때 아름다운 빛을 발하게 된다. 상처와 고통이 있다는 게 괴롭기도 하지만 한편으로는 그것이 위대한 창조의 조건이 된다. 그래서 부족한 것 없이 다 잘되는 것이 좋은 게 아니라고 본다. 문제가 있고 발버둥치는 곳에 새로운 창조가 이루어진다. 그래서 너무 잘나갈 때 오히려 조심하고 경계하는 마음을 가져야 한다.

자기관리가 기본

좋은 리더가 되기 위해서는 무엇보다 자기관리를 잘 해야 한다. 그만큼 자기와 끝없는 싸움을 해야 한다. 리더에게 가장 중요한 자기관리는 건강과 시간 관리이다. 운동과 휴식을 정기적으로 해야 한다. 그래야만 오래 갈 수 있다. 나아가 계속적으로 공부하고 자기계발을 위한 시간을 내는 것을 게을리 하지 말아야 한다. 좋은 리더는 잘나갈 때 자기관리에 더 신경 써야 한다. 인기가 높다고 끝까지 그 인기가 계속 될 것이라고 생각하는 것은 오산이다. 인기가 높을 때 그 자리에서 물러날 줄 아는 것이 오히려 지혜이다. 박수를 받을 때 물러날 줄 아는 것 그것이 어렵고도 중요한 지혜이다.

리더가 넘기 어려운 것 중의 하나가 명예욕이다. 이런 것들이 인간적인 한계들이다. 처음의 마음을 끝까지 변함없이 가지고 갈리더들을 주변에서 너무도 많이 보고 있다. 리더의 자리에 수 있는 사람이 된다는 것은 쉽지 않다. 처음에는 잘하다가 끝에 가서 실패하는 오르기까지도 힘들었겠지만 리더의 자리에서 제대로 해 내고 명예스럽게 그 자리를 물러나는 것은 더 어려운 과제이다. 영적 리더일수록 이러한 점은 분명하다. 리더는 그 자리에 오르면 끊임없는 유혹과 공격을 받게 된다. 리더가 자기 자리에서 올바로 설 수 있도록 하기 위해서는 그를 위해 계속 중보기도 하는 사람들이 필요하다. 사실 리더가 자신을 지키는 것이 아니라 그를 위해 기도하는 보이지 않는 숨은 그룹이 그를 지켜 주는 것이다.

제 3장

영성 살리기

경제적 번영과 호황시기는
영적으로 볼 때 맘몬에 지배당하는 시기이다.
경제적 상승시기에는
사람들의 욕심과 탐욕이 한없이 부풀려 진다.
따라서 경제적으로 상승하는 시기는
영적으로 보면 타락하기 쉬운 하강의 시기이다.

성경적 재물관 실천하기

"너희가 하나님과 재물을 겸하여 섬기지 못하느니라"(마 6:24).

어느 대학생이 "성경은 자본주의를 지지하느냐? 아니면 사회주의를 지지하느냐?"라는 질문을 하였다. 나는 이에 대해 성경은 어느 구절을 가져오느냐 그리고 어떻게 해석하느냐에 따라 특정 경제체제가 더 성경적으로 합리화될 수 있다고 말했다.

신약과 구약성경에는 부자들과 그들이 누린 재물에 대한 이야기가 많이 나온다. 그런 점에서 성경은 사유재산 제도와 부자가 되는 것을 지지하는 것으로 볼 수 있다.

반면에 사도행전 2장에 나오는 초대교회의 생활 모습에서는 "믿는 사람이 다 함께 있어 모든 물건을 서로 통용하고 또 재산과 소유를 팔아 각 사람의 필요를 따라 나눠 주며"(행 2:44-45)라는 내용이 나온다. 이 본문을 가지고 초대교회는 공산주의적 공동체였다고 말하는 사람도 있다. 진보적 지식인들은 성경의 본 구절을 끌어다가 성경이 자본주의를 반대하는 것이라고 해석하기도 한다.

신앙생활과 경제생활

예수님이 공생애에서 말씀하신 내용 중 다수는 경제와 관련된 것이다. 복음서의 상당부분은 물질생활과 관련된 내용이다. 예수님은 물질적인 배고픔으로 고통받는 갈릴리 사람들을 위하여 오병이어의 기적을 베푸셨다. 그리고 베드로가 물고기를 잡는 것에 대해 좋은 코칭을 하심으로 그물이 찢어질 만큼의 성과를 올리도록 도와주셨다. 예수님은 물질은 악하고 정신은 선하다는 식의 이원론을 말하지 않으셨다. "네 보물 있는 그 곳에는 네 마음도 있느니라"(마 6:21)고 하시면서 물질이 있는 곳에 마음도 따라가는 것이라고 말씀하셨다.

나아가 예수님은 재물이 필요하면 적극적으로 구하라고 말씀하셨다. 제자들에게 "구하라 그리하면 너희에게 주실 것이요 찾으라 그리하면 찾아낼 것이요 문을 두드리라 그리하면 너희에게 열릴 것이니"(마 7:7)라고 하셨다. 그리고 "너희 중에 누가 아들이 떡을 달라 하는데 돌을 주며 생선을 달라 하는데 뱀을 줄 사람이 있겠느냐"(마 7:9-10)라고 말씀하셨다.

예수님이 말씀하신 씨 뿌리는 자의 비유, 포도원 품꾼의 비유, 불의한 청지기 비유, 빚진 종의 비유, 달란트와 므나의 비유, 부자 청년, 부자와 나사로, 세리와 관련된 내용 모두가 그 당시의 생산과 고용, 금융과 세금에 관련된 내용이다. 예수님이 제일 처음 행하신 가나의 혼인잔치 기적, 고기잡이의 기적, 향유를 부은 마리아, 최후의 만찬 모두가 먹고 입는 것으로서 경제생활과 관련된 말씀이다.

이처럼 경제생활은 신앙생활과 분리된 영역이 아니다. 따라서 오늘날의 생산과 소비, 분배와 투자, 고용과 직업으로서 경제활동도 신앙생활과 연관된다고 할 수 있다. 예수님은 목수 일을 통해 장남으로서 그의 가족들을 부양하셨다. 사도 바울도 복음전파 사역을 하면서 천막 짜는 일을 병행함으로 자신의 경제적 필요를 충당하였다. 예수님의 제자들은 어부로서 일하면서 예수님을 만났고, 마태는 세리로서, 누가는 의사로서 전문직업을 가지고 있었다.

성경에 나오는 핵심인물들은 가난한 사람이라기보다 족장, 목축업자, 가정총무, 국무총리, 왕, 장군 등 지도자의 자리에 있는 사람들이었다. 그들은 자신의 자리에서 주어진 일들을 열심히 한 사람들이었다. 야곱의 경우 외삼촌 라반 밑에서 "내가 이와 같이 낮에는 더위와 밤에는 추위를 무릅쓰고 눈 붙일 겨를도 없이 지냈나이다"(창 31:40)에서 나타나듯이 성실한 직업윤리를 가지고 일했음을 알 수 있다. 바울은 아예 "누구든지 일하기 싫어하거든 먹지도 말게 하라 하였더니"(살후 3:10)라고 말하였다.

재물과 복

창세기 1장에 나오는 하나님은 인간을 자신의 형상대로 창조하시고 복을 주시며 땅과 모든 생물을 다스리라고 말씀하신다. "하나님이 그들에게 복을 주시며 하나님이 그들에게 이르시되 생육하고 번성하여 땅에 충만하라, 땅을 정복하라, 바다의 물고기와 하늘의 새와 땅에 움직이는 모든 생물을 다스리라 하시니라"(창 1:28)처럼 하나님은 우리에게 물질세계에 대한 관리자로서 사명을 맡기셨다. '다스리라'는 의미는 잘 관리하라는 의미로 보아야 할 것이다. '정복하라'는 표현은 인간이 자연이나 물질을 마음대로 지배하라는 의미라기보다 청지기로서 제대로 관리하라는 의미로 받아들여야 할 것이다.

따라서 하나님은 물질세계로서의 지구와 자연의 모든 것들에 대해 인간에게 활용을 위임하신 분이다. 이러한 위임이 "하나님이 자기 형상 곧 하나님의 형상대로 사람을 창조하시되 남자와 여자를 창조하시고"(창 1:27)에 이어 나오는 점에서 하나님이 창조하신 인간에게 주신 복이라고 할 것이다. 결국 물질세계를 통한 부의 창출은 자연에 대한 다스림에서 온다고 할 것이다.

성경은 부 자체가 죄악이라고 말하지 않는다. 즉 소유물로서 가축이나 농작물을 얻는 것은 그 자체로서 하나님의 축복이라고 본다. "하나님께서 지으신 모든 것이 선하매"(딤전 4:4전)라는 말씀에서도 자연에서 얻은 농작물이나 가축은 물질 그 자체로서 선하다고 말한다. 그러나 성경은 물질을 대하는 마음으로서 "욕심이 잉태한즉 죄를 낳고 죄가 장성한즉 사망을 낳느니라"(약 1:15)고도 말한다. 여기에서 우리는 물질자체와 물질을 대하는 인간의 마음을 분리해서 생각할 필요가 있다. 즉 물질자체는 선하다. 그러나 욕심은 분명히 죄라고 말한다. 따라서 물질이 모인 결과로서의 부는 하나님이 주시는 복이라고 할 수 있다. 물론 성경이 말하는 복에는 영적인 측면이 있다. 그러나 이러한 복에는 물질적 복도 분명히 들어 있다.

이는 구약에 나오는 인물들에게서 분명히 나타난다. "아브람에게 가축과 은과 금이 풍부하였더라"(창 13:2)처럼 아브라함은 애굽에 내려가서 하나님의 도우심으로 재물을 많이 얻을 수 있었다. 야곱의 경우도 "이에 그 사람이 매우 번창하여 양 떼와 노비와 낙타와 나귀가 많았더라"(창 30:43)고 나온다. 야곱은 하란에 있는 외삼촌 밑에서 20년간 열심히 일하였고, 독특한 양의 유전법칙을 꿰뚫어 알게 됨으로 부자가 되었다. 이런 점을 놓고 볼 때 하나님은 당신의 사람들을 부자가 되게 하신다는 점을 알 수 있다.

모세는 그의 백성들에게 "그러나 네가 마음에 이르기를 내 능력과 내

손의 힘으로 내가 이 재물을 얻었다 말할 것이라 네 하나님 여호와를 기억하라 그가 네게 재물 얻을 능력을 주셨음이라"(신 8:17-18전)고 분명히 말하고 있다. 다윗의 경우도 왕위에 오른 후 하나님께 감사를 드리는 기도에서 "부와 귀가 주께로 말미암고 또 주는 만물의 주재가 되사 손에 권세와 능력이 있사오니 모든 사람을 크게 하심과 강하게 하심이 주의 손에 있나이다"(대상 29:12)라고 고백하였다. 욥의 경우도 고난을 겪은 후 오히려 하나님께서 축복해 주셨는데 "여호와께서 욥의 말년에 욥에게 처음보다 더 복을 주시니 그가 양 만 사천과 낙타 육천과 소 천 겨리와 암나귀 천을 두었고"(욥 42:12)라고 기록되어 있다.

신약에서도 예수님의 탄생을 경배하기 위해 동방에서 찾아온 박사들이 아기 예수 앞에 "보배합을 열어 황금과 유향과 몰약을 예물로 드리니라"(마 2:11후)고 기록되어 있다. 당시 황금, 유향, 몰약이 아주 비싼 보물이었던 점과 이를 예물로 받으셨던 점을 보면 물질 그 자체는 죄악이거나 나쁜 것이 아님을 알 수 있다.

또한 예수님 주변에도 부자들이 많이 있었다. 예수님을 따라다녔던 여인들 중 "헤롯의 청지기 구사의 아내 요안나와 수산나와 다른 여러 여자가 함께 하여 자기들의 소유로 그들을 섬기더라"(눅 8:3)는 말씀이 나온다. 여기시 요안나는 헤롯의 청지기 구사의 아내였다고 나온다. 즉 왕의 재정을 담당하는 관리의 아내였던 점을 고려하면 그녀에게 상당한 재력이 있었음을 알 수 있다. 그리고 그 재력으로 예수님과 다른 제자들의 생활을 도왔던 것이다.

예수님의 십자가 사건 이후 "아리마대 사람 요셉이 와서 당돌히 빌라도에게 들어가 예수의 시체를 달라 하니 이 사람은 존경 받는 공회원이요 하나님의 나라를 기다리는 자라"(막 15:43)는 말씀에서 아리마대 요셉은 그의 재력으로 세마포를 사서 예수님의 시신을 모셨던 것이다. 사도 바울의 사역에서도 빌립보의 자주장사였던 루디아는 그녀의 재물을 가지고 사도 바울의 사역을 도왔다(행 16:14). 이처럼 재물을 통해 하나님을 섬기는 일을 한 사례는 성경 안에서 많이 볼 수 있다.

돈을 사랑함이 일만 악의 뿌리

그러나 성경은 재물이나 부자 됨의 위험성에 대해서도 여러 군데에서 말하고 있다. 잘 알려진 대로 예수님은 영생을 물어오는 부자청년에게 "네가 온전하고자 할진대 가서 네 소유를 팔아 가난한 자들에게 주라 그리하면 하늘에서 보화가 네게 있으리라 그리고 와서 나를 따르라 "(마 19:21)고 말씀하셨다. 청년이 그러지 못하고 근심하며 떠나자 제자들에게 말씀하시길 "...부자는 천국에 들어가기가 어려우니라...낙타가 바늘귀로 들어가는 것이 부자가 하나님의 나라에 들어가는 것보다 쉬우니라"(마 19:23-24)고 말씀하셨다. 여기서 부자가 하나님 나라에 들어가지 못한다고 말씀하신 것은 마음의 중심이 하나님보다 물질에 가 있기 때문으로 보아야 한다. 즉 탐욕에 매여 있기 때문에 자신의 재물을 포기하지 못하는 것을 지적하신 것이다. 그래서 가장 어리석은 사람으로서 "하나님은 이르시되 어리석은 자여 오늘 밤에 네 영혼을 도로 찾으리니 그러면 네 준비한 것이 누구의 것이 되겠느냐 하셨으니 자기를 위하여 재물을 쌓아 두고 하나님께 대하여 부요하지 못한 자가 이와 같으니라"(눅 12:20-21)고 말씀하셨다.

또한 예수님이 어느 여인에게 삼백 데나리온이나 되는 값비싼 향유를 당신의 머리에 부으시는 것을 허락하신 것을 보면 예수님은 물질로 세상을 이해하려는 유물론적 사고와는 맞지 않는 분임을 알 수 있다. 향유를 팔아서 가난한 자들에게 구제하도록 하지 않으시고 당신에 대한 예배를 하도록 허용하신 것이다. 즉 예수님은 물질보다는 마음의 중심을 더 중요시한 것이다.

그런 점에서 예수님은 하나님의 나라를 세상적인 정치, 경제차원에서 로마로부터의 해방으로 이해하려는 열혈당원과는 분명히 구분된다. 그래서 가난한 자에게 복음을 전하신다는 말씀은 가난을 꼭 물질적 가난이라기보다 마음의 가난함을 포함한 영육간의 총체적 가난이라고 보아야 할 것이다. 그래서 예수님은 "내 나라는 이 세상에 속한 것이 아니라 만일 내 나라가 이 세상에 속한 것이었더면 내 종들이 싸워 나로 유대인들에게 넘기우지 않게 하였으리라 이제 내 나라는 여기에 속한 것이 아니니라"(요 18:36)고 말씀 하신 것이다. 세금을 바치는 것이 타당하냐는 질문에 대해서도 "가이사의 것은 가이사에게 하나님의 것은 하나님께 바치라"(마 22:21)고 하셨다. 이런 점에서 예수님은 세상의 지배자로서 권력과 영적인 영역을 구분하셨다고 볼 수 있다. 바울도 "하나님의 나라는 먹는 것과 마시는 것이 아니요 오직 성령 안에서 의와 평강과 희락이라"(롬 14:17)고 말씀하셨다. 이는 경제로서 의 물질이나 육체 이전에 영혼의 중요함을 말하고 계신 것이다.

바울은 재물에 집착하는 마음이 그리스도인의 바람직한 자세가 아니라는 점을 계속 지적하고 있다. 그의 서신에 나오는 재물에 대한 부정적 관점은 재물 그 자체라기보다 재물에 마음이 빼앗긴 상태로서 탐욕에 지배받는 것을 경고하는 것이라 할 것이다. 바울은 "부하려 하는 자들은 시험과 올무와 여러 가지 어리석고 해로운 욕심에 떨어지나니 곧 사람으로 파멸과 멸망에 빠지게 하는 것이라"(딤전 6:9)고 하였다. 또 "돈을 사랑함이 일만 악의 뿌리가 되나니 이것을 탐내는 자들은 미혹을 받아 믿음에서 떠나 많은 근심으로써 자기를 찔렀도다"(딤전 6:10)라고 말한다. 이는 모든 악의 뿌리가 돈을 사랑하는 욕심임을 말해 주고 있다. 그래서 "그리스도 예수의 사람들은 육체와 함께 그 정욕과 탐심을 십자가에 못 박았느니라"(갈 5:24)고 하시면서 진정한 그리스도인은 욕심을 버린 사람이라는 것을 말해 준다.

그리고 사도 바울은 권력과의 관계에 대해서는 "각 사람은 위에 있는 권세들에게 복종하라 권세는 하나님으로부터 나지 않음이 없나니 모든 권세는 다 하나님께서 정하신 바라"(롬 13:1)고 했다. 이는 바울이 당시의 로마권력과 충돌하지 않기 위해 상황적으로 한 말이라고 보기보다, 세상권력의 권위를 인정한 것이라고 보아야 할 것이다. 이런 점에서 바울에게는 기존 체제에 대한 혁명적 행동이 바람직한 그리스도인의 자세가 아니라는 점을 보여 준다.

물질보다 마음이 먼저이다

성경은 재물관에 있어서 재물자체보다는 재물을 대하는 마음이 우선임을 누차 얘기하고 있다. 즉, 재물 자체에 빠지지 말고 재물을 얻되 부를 허락하신 하나님의 섭리하심과 선한 사용에 대해 강조하는 것이다. 구약에서도 선지자들은 백성이 하나님을 떠났을 때 하나님이 자연에 재앙을 주심으로 빈궁함과 풍요를 얻지 못할 것이라고 계속 말씀하셨다. 이사야 선지자는 유대 백성이 하나님을 떠났을 때 "너희의 땅은 황폐하였고 너희의 성읍들은 불에 탔고 너희의 토지는 너희 목전에서 이방인에게 삼켜졌으며 이방인에게 파괴됨 같이 황폐하였고"(사 1:7)라고 말하였다. 즉 신앙적 일탈과 우상숭배가 물질적 빈궁을 불러왔다고 선포하는 것이다.

그래서 신앙으로 먼저 돌아갈 것을 외치는 하박국 선지자는 "비록 무화과나무가 무성하지 못하며 포도나무에 열매가 없으며 감람나무에 소출이 없으며 밭에 먹을 것이 없으며 우리에 양이 없으며 외양간에 소가 없을지라도 나는 여호와로 말미암아 즐거워하며 나의 구원의 하나님으로 말미암아 기뻐하리로다"(합 3:17-18)라고 노래한다. 이는 물질의 축복여부와 상관없이 하나님만을 섬기겠다는 그의 신앙을 표현한 것이다.

예수님은 재물 자체에 탐닉함으로 마음이 그곳에 매이지 말고 하나님 나라를 위해 애쓰라고 말씀하신다. "오직 너희를 위하여 보물을 하늘에 쌓아 두라 거기는 좀이나 동록이 해하지 못하며 도둑이 구멍을 뚫지도 못하고 도둑질도 못하느니라"(마 6:20)고 하신다. 예수님은 제자들에게 생각의 우선순위에서 재물 자체를 마음에 먼저 두고 연연하기보다 먼저 하나님 나라를 구할 때 재물은 따라 오게 될 것임을 말하고 있다. "그러므로 염려하여 이르기를 무엇을 먹을까 무엇을 마실까 무엇을 입을까 하지 말라 이는 다 이방인들이 구하는 것이라 너희 하늘 아버지께서 이 모든 것이 너희에게 있어야 할 줄을 아시느니라"(마 6:31-32)고 하셨다.

그리고 하나님은 너희의 물질적 필요성을 이미 다 아신다고 말씀하신다. 그래서 "그런즉 너희는 먼저 그의 나라와 그의 의를 구하라 그리하면 이 모든 것을 너희에게 더하시리라"(마 6:33)고 하신다. 이는 재물보다는 먼저 하나님 나라를 구하라는 것이다. 야고보는 "낮은 형제는 자기의 높음을 자랑하고 부한 자는 자기의 낮아짐을 자랑할지니 이는 그가 풀의 꽃과 같이 지나감이라"(약 1:9-10)고 말하면서 부함이란 덧없이 지나가는 한 때임을 말하고 있다. 나아가 "너희가 얻지 못함은 구하지 아니하기 때문이요 구하여도 받지 못함은 정욕으로 쓰려고 잘못 구하기 때문이라"(약 4:2-3)고 말씀하신 점에서 정욕으로 쓰려고 구하는 것은 얻지 못한다는 점을 분명히 한다.

바울도 경제를 바라보는 관점에서 개인 태도를 무엇보다 중요시하였다. 즉 사회적 제도나 구조보다는 개인의 자족함을 권면하고 있다. 바울은 "내가 궁핍하므로 말하는 것이 아니니라 어떠한 형편에든지 나는 자족하기를 배웠노니 나는 비천에 처할 줄도 알고 풍부에 처할 줄도 알아 모든 일 곧 배부름과 배고픔과 풍부와 궁핍에도 처할 줄 아는 일체의 비결을 배웠노라"(빌 4:11-12)고 했다. 그리고 "우리가 세상에 아무 것도 가지고 온 것이 없으매 또한 아무 것도 가지고 가지 못하리니 우리가 먹을 것과 입을 것이 있은즉 족한 줄로 알 것이니라"(딤전 6:7-8)고 했다. 이처럼 부와 가난함 모두에서 자유로워지는 것을 그리스도인의 성숙된 생활 모습으로 제시하고 있다.

오는 세상이 있다

성경은 이 세상만이 전부가 아니라고 분명히 말한다. 예수님은 오는 세상이 있다는 것을 분명히 말씀하신다. 이 세상만이 전부라고 생각하며 살다가 이 세상을 마치는 사람이야말로 어리석은 사람이라는 것이다. 이 세상에 모든 것을 걸고 이 세상에서의 성공과 행복만을 위해 살다가 오는 세상을 준비하지 못한다면 그는 가장 불행한 사람이다. 성경이 누차 거듭 말하는 것은 오는 세상을 준비하라는 것이다. 바로 천국인 것이다. 하나님께서는 "한번 죽는 것은 사람에게 정해진 것이요 그 후에는 심판이 있으리니"(히 9:27)라고 말씀하신다. 오는 세상은 개인적으로는 죽음을 맞이한 후에 맞게 되는 세상이다. 또는 하나님의 날에 예수 그리스도의 재림으로 이루어지는 세상적 종말일 수도 있다.

예수님은 "그런즉 깨어 있으라 너희는 그 날과 그 때를 알지 못하느니라"(마 25:13)고 말씀하셨다. 다만 우리는 그 날과 그 때를 기다리며 열 처녀와 같이 "신랑을 맞으러 나간"(마 25:1) 믿음으로 이 세상을 살아갈 뿐이다. 이 세상만이 전부라고 하면서 천국과 지옥이 어디 있느냐고 부정하는 사람들을 볼 때 진실한 크리스천은 안타까움을 아니 느낄 수 없다.

천국의 경제

천국에는 사유경제 제도가 없다고 생각한다. 천국에는 당연히 시장경제도 사회주의경제라는 것도 없을 것이다. 그곳에 있는 존재들은 영적인 존재들이다. 사도 바울은 고린도전서 16장에서 우리가 부활하면 썩을 몸이 썩지 않을 몸을 입고, 육적인 것이 영적인 몸을 입으며, 약한 것이 강한 것으로 된다고 말하고 있다. 천국에서 우리는 몸을 입지만 그 몸은 이 세상에서처럼 죄로 더럽혀진 육적인 몸이 아니라 성결한 영적인 몸으로 변화된다는 것이다. 왜냐하면 천국에 사는 존재들에게는 욕심이란 것 자체가 없기 때문이다. 내가 더 가지려고 남과 비교하며 경쟁하고 시기하는 것 자체가 없기 때문이다.

천국에는 황금이 너무나도 많다고 한다. 요한계시록 21장에서 사도 요한이 성령의 인도에 이끌려 본 천국의 묘사에 의하면 다음과 같다.

"성령으로 나를 데리고 크고 높은 산으로 올라가 하나님께로부터 하늘에서 내려오는 거룩한 성 예루살렘을 보이니 하나님의 영광이 있어 그 성의 빛이 지극히 귀한 보석 같고 벽옥과 수정 같이 맑더라...그 성곽은 벽옥으로 쌓였고 그 성은 정금인데 맑은 유리 같더라 그 성의 성곽의 기초석은 각색 보석으로 꾸몄는데 첫째 기초석은 벽옥이요 둘째는 남보석이요 셋째는 옥수요 넷째는 녹보석이요 다섯째는 홍마노요 여섯째는 홍보석이요 일곱째는 황옥이요 여덟째는 녹옥이요 아홉째는 담황옥이요 열째는 비취옥이요 열한째는 청옥이요 열두째는 자수정이라 그 열두 문은 열두 진주니 각 문마다 한 개의 진주로 되어 있고 성의 길은 맑은 유리 같은 정금이더라"(계 21:10-11, 18-21).

그곳을 체험했다는 어느 분 간증에 따르면 우선 그곳의 공기가 전혀 다른 느낌과 냄새를 주었다고 한다. 뭔가 우리의 세상 언어로는 표현할 수 없는 전혀 다른 것이었다고 한다. 그리고 수많은 식물과 황금을 보았다고 한다. 그런데 그 식물들에는 가시가 없었으며, 그곳에 거하는 모든 영적 사람들이나 식물에는 전혀 공격성을 느낄 수 없었다고 했다.

경제 사이클과 영적 사이클

한 사회가 맞는 경제 사이클과 영적 사이클 간에는 일반적으로 반대 관계가 존재한다. 사이클에는 바닥과 상승시기, 정점과 하강시기로 구분해 볼 수 있다. 경제적 번영과 호황시기는 영적으로 볼 때 맘몬에 지배당하는 시기이다. 경제적 상승시기에는 사람들의 욕심과 탐욕이 한없이 부풀려진다. 따라서 경제적으로 상승하는 시기는 영적으로 보면 타락하기 쉬운 하강의 시기이다. 물론 경제적 상승기에 영적으로도 상승하는 사람들도 있다. 그러나 일반적으로 볼 때 사람들은 돈을 잘 벌면 타락하기 쉬운 법이다.

반면에 경제적 하강과 바닥의 시기는 미래손실과 파산에 대한 두려움이 사람들 마음을 지배하는 시기이다. 이때에 사람들은 불안과 두려움으로 영적으로 피폐해질 수 있다. 그러나 적자와 파산, 불황의 시기야말로 근검과 청교도적 영성이 살아날 수 있는 시기이다. 그리고 경제적으로 어려운 시기야말로 가난한 마음을 가지고 지은 죄를 고백, 회개하면서 하나님께로 돌아가기 쉬운 시기이다. 이때가 순수한 영성으로의 회복기회이며, 손에 묻은 때를 씻는 시기이다. 그런 점에서 보면 영적축복의 시기라고 할 수 있다.

세상적으로 잘나갈 때는 하나님과의 순수한 관계가 소홀해지기 쉽다. 반면에 어려움이 닥치면 눈물 콧물 흘리며 "천부여 의지 없어서 주께로 옵니다! 저를 불쌍히 여기소서!"라며 무릎 꿇고 기도하게 된다. 사람들은 배가 부르고 등이 따시면 하나님을 찾지 않는다. 그런데 문제 때문에 괴롭고 어찌 할 도리가 없을 때는 두 손 들고 하나님께 나오게 되어 있다. 그래서 위기야말로 하나님이 우리가 변화되기를 허용하시는 새로운 기회인 셈이다. 지금 겪고 있는 글로벌 경제침체도 하나님이 허용하시지 않으면 일어날 수 없다. 하나님은 지금 우리를 지켜보고 계신다. 우리들이 어떻게 생각과 마음을 바꾸고 영적으로 환골탈태할지 지켜보고 계신다. 이 기회를 통해 우리가 기도와 회개, 통합과 공동체의 정신으로 새롭게 변화되어 나간다면 하나님은 우리에게 새로운 길을 열어 주실 것이다.

하나님은 우리가 개인, 가정, 사회, 국가적으로 그리고 정치, 경제, 사회, 문화, 종교 등 모든 면에서 새로워지기를 원하신다. 그리고 정부와 기업, 교회의 사회기관들이 욕심과 탐욕, 이기심과 지배욕, 미움과 증오, 대립과 기득권 고수, 고집과 교만을 버리고 하나 됨과 협력, 겸손과 섬김, 나눔과 돌봄, 창조와 혁신, 배려와 경청, 공동체 우선을 향해 나아가기를 원하신다. 그러다 보면 하나님은 우리에게 보다 좋은 길을 열어 주시고, 새로운 선물과 열매들을 축복으로 가져다주실 것이다.

2. 직장 내에서 신우회 활동하기

"무슨 일을 하든지 마음을 다하여 주께 하듯 하고
사람에게 하듯 하지 말라"(골 3:23).

본인이 협동목사로 돕고 있는 증권단선교회는 30여 개의 증권 관련 회사 신우회의 연합단체이다. 특별히 지방지회도 조직되어 부산, 대구, 광주, 울산 지역에 근무하는 증권회사 직장인들을 중심으로 정기적인 모임을 가지고 있다. 구체적 활동으로는 개별 회사 신우회별로 매달 또는 매주 예배 및 성경공부 모임을 가지고 있다. 직장동료 및 가족들과 함께 참여하는 수련회도 매년 가지고 있다.

증권단선교회가 나눔과 섬김이 실천을 위해 실시하는 지선 음악회는 그 규모가 성장하여 매년 수천만 원의 수익금을 모으고 있다. 그리고 수익금은 전액 40여 군데의 고아원, 장애인 복지기관 등에 전달되고 있다. 특별히 일부 증권회사 등 대기업의 사회 홍보비가 선교회를 통하여 지출되기도 한다. 또한 증권투자를 통하여 수익을 올린 일부 고객들도 선교회 창구를 통하여 구제활동에 참여하기도 한다. 기독교, 비기독교 단체를 불문하고 도움이 필요한 곳을 선정하여 매년 돕고 있다.

직장 신우회의 놀라운 성장

현재 많은 직장에 직장 신우회가 조직되어 있다. 신우회는 직장을 기독교적 가치로 변화시키려는 직장인들의 신앙활동 모임이다. 정부, 민간기업, 공기업, 자영업체 등 다양한 일터에서 크리스천들은 정기적으로 모여 예배와 성경공부, 친교 봉사활동을 하고 있다.

직장 신우회는 지역교회가 감당하기 어려운 부분을 담당하면서 지역교회와는 보완과 협조, 때로는 경쟁적인 위상을 가지면서 성장해 왔다. 직장의 대표나 유력자가 신실한 크리스천인 경우에는 이러한 신우회 활동이 활발하다. 직장 차원에서 공식적인 지원을 받는 곳도 있으며, 직원들 간의 비공식조직인 산악회, 테니스회와 같은 위상의 동아리 활동으로 간주되는 곳도 있다.

직장 신우회가 공통적으로 내세우는 목표는 "직장 속에서 복음을 전하고, 빛과 소금의 사명을 감당해 가자."라는 것이다. 그리고 더 나아가 "직장선교를 통하여 해외선교를 담당할 수 있는 평신도선교사를 양성하자."로 이어지고 있다. 직장 신우회의 주된 활동은 정기적인 예배와 봉사활동을 중심으로 이루어지고 있다. 이들 모임은 일부 열성적인 평신도 직장인들의 주도적 헌신으로 발족되고 운영된다.

예배나 성경공부 인도는 선교회를 담임하는 목회자가 있는 경우 이들이 말씀을 전하기도 한다. 그렇지 않을 경우에는 지역교회 목회자가 초빙되거나 평신도로서 신우회 임원들이 담당하기도 한다. 신원, 이랜드와 같은 회사에는 회사건물 내에 별도의 예배실을 가지고 있거나, 회사 차원의 사목을 두고 있는 경우도 있다.

개별 직장, 지역별, 직능별 연합단체로 활발한 활동

　정부청사신우회, 경찰청신우회, 한전신우회, 농협신우회처럼 수십 내지 수백 명 단위의 신우회가 있는가 하면, 중소기업의 신우회 및 개인 자영업체에서의 신우회 조직도 있다. 또한 개별 직장 신우회가 연합된 단체도 있다. 현재 전국기독교직장선교연합회가 직장 신우회 연합운동을 주도하고 있다. 이들은 기독직장인의 사명을 다음과 같이 표방하고 있는데, "직장에서 그리스도의 사랑으로 봉사하고 상호존경과 우애로써 직장발전에 모퉁이 돌이 되고 주변교회의 도움으로 친교 및 유대를 강화하여 교회일치를 이룬다. 나아가 1,200만 직장인에게 복음을 전파하여 그리스도께 인도하며 민족 복음화와 기독사회문화를 이룬다."라는 것이다.

　직장선교연합회는 3대 목표로서 첫째 직장선교 활성화를 통한 민족 복음화와 세계선교, 둘째 기독정신의 생활화를 통한 기독교 사회문화 창조, 셋째 선교단체 상호 간의 친교 및 유대강화를 통한 교회일치 운동을 내걸고 있다. 나아가 '직장선교는 민족 복음화의 지름길'이라는 표어를 내세우고 있다.

　직장단위의 모임 이외에도 지역단위의 직장인 모임도 있다. 최근 직장인 성경공부모임(BBB)이 지역교회를 빌려서 지역의 직장인들 중심으로 활동하고 있다. 이외에도 개교회 내의 직장선교 조직으로서 활동이 활발한 곳도 있다. 그 예로서 여의도순복음교회의 실업인선교회 내에 소속되어 있는 직장 선교회는 참여회원 및 지원하는 개별 직장단위의 예배모임이 상당수에 이르고 있다.

　대기업체의 신우회는 해외에 소재한 지사, 공장, 법인 등에서 평신도 선교사로 파견된 신우회원과 연계하여 현지국 선교를 지원하는 역할을 하기도 한다. 특별히 목사가 들어가기 어려운 이슬람권, 구공산권 지역에서 자비량 선교사로 활동하기도 한다. 이들은 이랜드나 영안모자 등과 같이 해외공장과 지사 등에 근무하면서 현지인에게 복음을 전파하는 역할을 하고 있다. 나아가 제3세계 국가에서 그들의 경제성장을 도와 빵 문제를 해결해 주면서 복음을 전파하는 일을 하고 있다.

직장 신우회 활동 특징

직장 신우회는 주일을 중심으로 지역교회에서 이루어지는 신앙활동과는 여러 면에서 구분된다. 직장 신우회는 지역교회가 아닌 직장을 중심으로 한 신앙활동이다. 예배, 성경공부, 친교, 구제 등의 활동이 지역교회에서 이루어지지 않고 직장의 회의실, 사무실에서 이루어진다. 물론 인근 교회를 빌려서 모이는 경우도 많다. 그러나 이는 인근의 교회 교인으로서 특정 지역교회를 출석하는 개념이 아니고, 그 교회를 직장인 모임의 편리한 장소로서 활용하는 성격이다.

직장 신우회의 리더들은 평일의 신앙을 강조한다. 하나님은 주일 하루만의 삶이 아니라 월요일에서 토요일, 1년 365일의 삶을 지켜보신다는 생각이다. 그래서 직장 신우회는 생활 속에서의 신앙을 강조한다. 대부분의 성인에게 있어서 직장이란 삶에서 가장 많은 시간을 보내는 곳이다. 직장인에게 있어서 직장이란 가정이나 교회보다 더 많은 시간을 보내는 곳인 셈이다. 따라서 가장 많은 시간을 보내는 곳에서 신앙활동을 해야 한다. 이렇게 함으로써 생활과 신앙이 분리된 문제점을 극복할 수 있다. 성과 속의 이원론적 구분, 생활과 신앙의 별개화, 교회와 세상의 분리라는 문제들을 극복하는 것이다. 이와 같이 직장 신우회는 기독교의 사회적 영향력이 약화되어 있는 현실에서 삶을 통하여 복음을 증거하고 선교하는 장이 될 수 있다.

직장 신우회는 성인 중심의 신앙활동이다. 한 가정의 경제생활을 책임지는 가장으로서 크리스천 성인들이 현실적으로 참여하는 활동이다. 이 점에서 낭만적, 관념적일 수 없으며, 비현실적인 방향으로도 갈 수 없다. 그리고 평신도 중심의 신앙활동이다. 목회자가 이끌어 가는 신앙활동이 아니며, 철저하게 평신도 중심으로 이루어지고 있다. 신우회 임원으로서 평신도의 리더십이 부각되며 목회자는 이를 지원하는 성격이다. 물론 직장 신우회에 소속되어 있는 독립적 목회자가 있는 경우에는 목사의 리더십이 강할 수도 있다. 그러나 이런 경우는 소수이기 때문에 목회자는 초빙되는 차원에 머무르는 경우가 대부분이다.

평신도가 삶의 현장에서 사역자가 된다는 의미에서 직장 신우회는 평신도 신학을 발전시키는 실천적 장이 된다. 이처럼 직장 신우회는 관념이나 이론차원에서가 아닌 경쟁과 실적, 승진과 실직, 이해다툼이 연결되는 갈등과 살아남기 현장에서 복음이 무엇인가를 증거해야 하는 활동이다. 경제적 이익과 이해관계가 뒤따르는 곳에서 신앙을 드러내는 것이다.

그리고 직장 신우회는 국가기관이나 주요 기업의 실무자와 의사 결정자가 참여하는 신앙활동이다. 현재 경제활동에서 중심저인 역할을 하고 있는 사람들, 즉 정치, 경제, 사회, 군사,문화의 모든 면에서 일선에 있는 실무자, 의사 결정자들이 참여하는 신앙활동이다. 따라서 이들이 변화되었을 때 한국의 정치와 경제, 사회, 문화가 변화된다는 비전이 있다.

직장 신우회는 다양성 속에서 하나 될 수 있는 신앙활동이다. 신학적 입장과 신앙적 배경, 삶의 자리, 직책 등에서 다양한 사람들이 만날 수 있는 자리이다. 이들 간에 단순한 교제를 도모하자는 친목단체가 아니면서 예수 그리스도 안에서 하나가 되는 일치운동이 될 수 있다. 신우회원들이 장로교나 감리교 또는 성결교인이든 교파나 교단에 따른 차이는 별 문제되지 않는다. 따라서 분열의 상처를 극복할 수 있는 초교파적 활동인 셈이다.

직장 신우회는 목회자들에게도 새로운 목회 모델이 될 수 있다. 직장 신우회에 담임목사가 있는 경우는 많지 않으나, 직장대표가 기독교인인 경우 적극적으로 전임 목회자를 직장 신우회 담임으로 모시는 경우도 있다. 전임사목은 우리나라에 많지는 않지만 몇몇 좋은 예가 있다. 전임사목 외에 직장 내 임직원으로서 신학적 훈련을 마친 사람을 목회자로 임명하는 경우도 있다. 일부 직장 신우회 연합단체의 경우가 그러하다. 이들은 세상 직업을 가지면서 목회를 병행하는 경우로서 일종의 특수목회자로서 현장 사역자(Field Pastor)인 셈이다.

지역교회와의 관계설정

지역교회와 직장 신우회가 관계를 맺는 경우란 직장인 예배 등을 통해 주변의 직장인들에게 교회공간을 활용토록 하는 것이 대부분이었다. 이외에는 지역교회 목회자가 직장 신우회 모임에 개인자격의 설교자 내지 성경공부 인도자로 초빙받는 경우였다. 서울 도심에 있는 교회의 경우 직장인 정오예배를 운영하는 곳이 많이 있다. 그 예로 광화문의 정부종합청사 연합신우회는 바로 옆에 위치한 종교교회에서 직장인 예배를 드린다. 서울지역만 해도 직장인 예배를 운영하는 교회는 주변에 상업용 빌딩이 많은 지역의 경우 상당수에 이른다. 직장인 정오예배를 운영하는 일부 교회의 경우 예배와 함께 점심까지 제공하기도 한다. 이와 같이 직장인 예배에 참석하는 사람들은 지역교회에서 드릴 주중예배를 직장과 가까운 교회에서 드린다는 필요에서도 참석한다고 볼 수 있다.

　최근에는 지역 내 직장인들과 보다 적극적인 관계를 맺는 교회도 늘어나고 있다. 특별히 도심의 주거 인구가 교외권으로 빠져나가는 도심교회는 환경변화에 대응하여 직장인을 중심으로 적극적인 프로그램을 개발하기도 한다. 대표적 예로서 서울역 앞에 위치한 남대문교회의 경우 주중에 인근의 대우빌딩, 힐튼호텔, GS 건설, 벽산 등에 근무하는 직장인들을 위한 예배와 성경공부를 실시하고 있다.

　한편 도심에 위치한 일부 지역교회는 지역주민들의 숫자가 줄어드는 것에 대응하여, 주변 지역에 위치한 직장인들을 대상으로 교인화하는 전략으로 나가기도 한다. 즉 한 지역에 같이 주거하는 개념에서의 교인공동체보다는 한 직장에 같이 근무하는 면에서 교인을 구성하는 방향이다. 이런 장점을 활용하여 교인들을 구성하면서 주일날 공동화된 도심에 들어오는 것이 교통 면과 주차장 면에서 편리한 점까지 활용한다면 독특한 교회성장 전략이 되기도 한다. 이외에도 지역교회와 직장 신우회 간에 유리되는 현상을 극복하는 데 적극적으로 기여하는 교회도 있다. 마포구 합정동에 위치한 서현교회는 교회를 지역주민들을 위한 열린 문화공간으로 개방하는 데서 한 걸음 나아가, 직장인들을 위한 직장인 신앙훈련학교(직장사역연구소 주관)에 교회시설을 개방하고 있다.

직장 신우회와 노동조합

　직장 신우회 활동에 적극적인 사람들의 신앙기조는 보수복음주의적 경향이 주류를 이루고 있다. 예수 그리스도를 만나는 중생과 회심을 통한 개인구원을 강조하며, 교리적으로는 개인전도와 예배, 기도, 말씀 안에서의 양육, 재림신앙과 믿음을 강조한다. 사회 속에서 크리스천의 윤리적 책임을 강조하지만 지나친 정치활동에의 개입이나 직장 신우회 운동이 노동조합 운동과 같은 이익단체로 나아가는 것은 원하지 않는다. 따라서 성서해석상 자유주의적이거나 개인전도보다 사회구조적 악의 타파를 강조하는 진보적 입장과는 거리가 있다.

이런 차원에서 직장 신우회의 중심적 프로그램은 예배와 전도 중심으로 이루어지는 경우가 대부분이다. 직장을 위한 기도운동, 구제활동(소년소녀 가장 돕기, 장애인 돕기)도 활발하다. 이러한 경향은 보수적 신앙을 견지하는 대학생선교단체들이 직장선교에 많은 관심과 노력을 기울이는 점과도 맥락을 같이 한다. 실제로 많은 직장 신우회는 노사대립과 같은 갈등적 상황이 생길 경우에는 중립적인 입장을 취하는 경우가 많다. 직장이라는 환경내에서 실제로 구성원들 삶에 중요한 경제적 이해 문제를 해결해야 할 상황도 생길 수 있다. 그러나 경영상의 문제나 고용, 복지와 관련된 이슈를 다룰수는 있다 하더라도, 이해가 상반될 경우 경영층과 일체화된 입장을 지닐 수도 없는 한편, 노동조합의 역할을 대신할 수도 없는 형편이다.

실제로 사회운동적 입장을 지향하는 사람들이 노동 운동 등의 목적을 가지면서 노동조합이 아닌 조직으로서 직장 내 신우회를 만들고 여기에 헌신하는 경우란 드물다. 그리고 직장 신우회란 대부분이 자본주의적 기업 여건과 토양에서 적응하고 살아가는 바탕에서 탄생, 성장하기 때문에 그러한 구조자체를 부정하는 성향의 신우회 활동은 탄생과 유지 자체가 의문시된다고 해야 할 것이다.

그러나 지금 직장 신우회 운동은 좌우 양쪽에서 공격을 받고 있다고 할 수 있다. 한편에서는 철저하게 개인경쟁 위주와 이익 중심의 직장구조에서 외면당하고 있다. 그런 반면 또 한편에서는 보다 진보적이라고 불리는 노동 운동, 정치 운동 그룹들로부터 인간화 내지 경제정의 실현에 적극적 도움이 되지 않는 체제 순응적 활동이라는 비판을 받기도 한다.

직장 내에는 신우회뿐 아니라 노동조합이라는 직장인 단체가 존재한다. 신우회원이 노동조합원으로 적극적으로 활동을 하건 안 하건 그들은 노동조합과의 관계에서 어떤 태도를 취해야 하는지 고민하게 된다. 현실적으로 많은 직장 신우회는 경영상의 문제나 노동조합과 관련된 이슈 등에는 적극적으로 개입하지 않는 경우가 대부분이다. 그러나 제조업체의 경우 일부 직장 신우회는 이러한 문제를 공개적으로 논의하거나 제안 내지 건의하는 경우도 있다. 나아가 노동조합과 연대하는 경우도 있다. 그런데 만약 감원이나 성차별, 부당노동 행위가 신우회원들에게 문제되었을 경우 직장 신우회가 이런 문제에 얼마만큼 개입할 것인가는 신우회원 간에도 입장 차이가 있을 수 있다. 신우회원 개인차원에서는 이런 문제를 같이 논의하고 위로하거나 상담하는 역할을 할 수 있다. 그리고 부당한 경영자의 조치가 있을 경우 경영자에게 건의하는 방식을 가질 수도 있다.

과거 70년대와 80년대 진보적 기독교 진영에서 주력하였던 산업선교 형태는 노동조합의 설립, 노동 운동의 지원에 중점을 두고, 복음전도와 개인구원은 소홀히 하는 문제점을 가졌다. 그러나 직장 내의 신우회 조직은 직장 내의 노사갈등을 증폭시키는 데 기여하기보다는 경영층과 노조, 근로자 사이에 화해와 신뢰를 조성하는 데 기여해야 할 것이다. 혹자는 과거의 산업선교처럼 직장 신우회가 노동 운동 차원으로까지 나가야 한다고 주장하는 사람도 있다. 그러나 노동 운동을 지향하지 않는 신우회원들로서 이러한 방향으로 나가는 경우는 드물다고 할 것이다.

최근 노사관계 문제로 세상의 주목을 받았던 이랜드 사례는 기독교적 경영이념을 표방하는 기업일지라도 이러한 문제가 쉽지 않음을 잘 보여 주고 있다. 기독교적 경영이념을 가지는 기업일지라도 노조가 없을 수는 없다. 그러나 노사 간의 대립과 투쟁의 선봉으로서 노조가 있다면 그러한 기업이 기독교적 경영이념을 실천하는 기업이라고는 할 수 없을 것이다. 처우수준이 유사기업에 비해 높든 낮든 그 자체는 문제가 아닐 수 있다. 문제는 경영층과 임직원들 사이에 얼마나 높은 수준의 신뢰가 있느냐는 것이다. 급여와 복지수준이 아무리 높아도 대립과 갈등은 생겨날 수 있다. 반면에 상대적으로 낮은 수준이더라도 상호일치와 연대의식은 높을 수 있다.

다니엘 만들기 과제

현재 한국의 직장 내에 세워져 있는 대부분의 신우회는 정도의 차이는 있지만 소수의 헌신적인 사람들이 이끌어 가는 반면 많은 수의 크리스천들은 이 활동에 참여하는 정도가 낮다. 직장선교에 앞장서는 리더들은 업무수행에 있어서도 주위사람들에게 인정받을 수 있어야 한다.

직장 내에서 업무수행과 복음전도라는 두 가지 일을 병행하면서 두 가지 모두를 잘 해 낸다는 것은 힘들고도 어렵다. 직장사역연구소의 방선기 목사는 직장생활 속에서 업무적 탁월성과 신앙적 비타협성의 두 가지를 잘 양립시켜 나간 대표적 인물로서 다니엘 모델을 제시하고 있다. 다니엘의 경우 학문과 명철이 뛰어났을 뿐 아니라 꿈 해석과 같은 특별히 뛰어난 재능을 받아 바벨론에서 국무총리까지 오르는 데 활용되었다. 다니엘을 헐뜯고자 하는 자들은 다니엘을 고소할 빌미를 찾았으나 하나님을 섬긴다는 것 이외에는 업무에서 전혀 흠을 찾을 수 없었다고 다니엘서 6장 4절은 말하고 있다.

이와 같이 업무에 있어서도 탁월하다면 믿지 않는 자들에게 예수 믿는 사람들은 뭔가 다르구나 하는 느낌을 갖도록 만들 것이다. 이처럼 신우회 회원들은 직장 속에서 탁월함을 인정받는 사람이 되면서도 부정과 불신앙에 타협하지 않는 인물로서 어떻게 작은 다니엘이 될 것인가를 과제로 제시받고 있다.

직장전도에 있어서는 직장의 대표가 주도하는 상의하달 형태나 목사가 정기예배를 인도하는 것만으로는 충분하지 않다. 직장 신우회의 활성화는 불신자를 전도하는 것도 중요하지만 우선 숨어 있는 크리스천을 찾아내어 함께 참여하는 일이 중요하다. 직장생활에서 오는 스트레스, 고민 등을 해결하거나 또는 함께 할 수 있는 분위기가 조성된다면 자연스럽게 숨어 있는 기독인의 발굴과도 연결될 수 있다.

그러나 유의할 것은 신우회 활동이 행사 등의 외부적 활동에 치우쳐서 가뜩이나 지쳐 있는 마음에 또 하나의 무거운 부담을 주기보다는 내적결실을 통하여 스스로 자라고 일어서게 해 주는 방향이 바람직할 것이다. 신우회 활동이 무거운 짐이 아닌 재충전과 주의 말씀 안에서의 안식을 제공할 때 숨어 있는 직장 기독인들은 자연히 얼굴을 내밀게 될 것이다. 아침 근무시작 전에 모이는 기도모임, QT모임과 점심시간을 활용한 찬양모임, 성경공부모임 등은 바로 실천적 삶의 현장에서 하나님의 역사하심을 체험할 수 있는 자리이다. 이러한 장을 통해서 믿음과 신앙의 일치, 생활 속에서의 응답받는 신앙체험, 세상 속에서 승리해 가는 기독 직장인의 모습을 이루어 낼 것이다.

쫓기는 삶 속에서 영성 지키기

"엘리야가 그 곳 굴에 들어가 거기서 머물더니
여호와의 말씀이 그에게 임하여 이르시되
엘리야야 네가 어찌하여 여기 있느냐
그가 대답하되 내가 만군의 하나님 여호와께 열심이 유별하오니
이는 이스라엘 자손이 주의 언약을 버리고
주의 제단을 헐며 칼로 주의 선지자들을 죽였음이오며
오직 나만 남았거늘 그들이 내 생명을 찾아 빼앗으려 하나이다
여호와께서 이르시되
너는 나가서 여호와 앞에서 산에 서라 하시더니
여호와께서 지나가시는데
여호와 앞에 크고 강한 바람이 산을 가르고 바위를 부수나
바람 가운데에 여호와께서 계시지 아니하며
바람 후에 지진이 있으나
지진 가운데에도 여호와께서 계시지 아니하며
또 지진 후에 불이 있으나
불 가운데에도 여호와께서 계시지 아니하더니
불 후에 세미한 소리가 있는지라(왕상 19:9-12).

　　미래학자로 유명한 패트리셔 애버딘(Patricia Aburdene)은 앞으로
는 기업세계에서도 영적인 기업이 등장할 것이라고 말한다. 그의 저서 『메가
트렌드 2010』에서 앞으로 경영 분야의 메가트렌드 일곱 가지를 제시하는데

그중 첫 번째가 '영성의 발견'이다. 그리고 네 번째로 '영혼이 있는 기업의 승리'를 제시한다. 그는 기업에 명상실을 만들어 명상에 열심인 《포춘》 500대 기업의 어느 CEO를 소개한다. 그리고 직원들과 함께 회사 내에 영적인 모임을 만들어 긍정적인 효과를 거두고 있는 임원을 소개하면서 앞으로는 경영의 제반 분야에 영성이 파고들어올 것임을 말하고 있다. 물론 그가 말하는 영성은 기독교적 영성과는 거리가 있다. 그러나 이제는 가장 물질적이라고 말하는 기업 세계조차도 영성을 얘기하는 시대가 되었다.

영성의 시대

21세기는 영성의 시대가 될 것이다. 19세기와 20세기는 이성의 시대였다. 과학과 합리성을 추구하였다. 그 결과 인류사회는 기술과 학문에서 놀라운 발전을 이루었다. 인간이성이 이루어 낸 놀라운 작품들이다. 그리고 인간은 예술을 추구해 왔다. 이는 인간의 감성이 만들어 낸 아름다운 작품들이었다.

그러나 이제 인간은 더 신비하고 근원적인 것들을 추구할 것이다. 나는 이것을 영성이라고 부르고 싶다. 인간의 외면을 지배하는 것은 인간의 내면이다. 사람의 행동, 말, 표정을 결정짓는 것은 그 사람 내면에 있는 이성과 감성이다.

그런데 그 이성과 감성에 영향을 미치는 것이 영성이다. 영성이란 보이지 않는 신적 존재로서 하나님과의 관계이다. 영성은 이성이나 감성보다 더 바닥에 깔려 있는 것이다. 영성이 풍성해지면 영성은 이성과 감성에 에너지를 공급한다. 결국 이성과 감성을 풍성하게 하기 위해서는 영성이 열리고 깊어져야 한다. 영성은 하나님과 관계 맺음에서 열리고 그 관계가 깊어짐으로 깊어진다. 특별히 영성개발은 홀로 있는 시간을 가짐으로 이루어진다. 그리고 자연 속에서 창조주와의 대화를 통해서도 이루어진다.

일 중심 인물의 부정적 모습 : 쫓기는 삶, 초조함, 비교의식, 끝없는 경쟁의식

오늘날 수많은 일터의 직장인들은 그들이 기업경영자이건, 공무원이건 아니면 전문직 종사자이건 대부분 열심히 일하는 사람들이다. 그들은 매일 바쁜 생활을 하고 있다. 그들로 하여금 지금의 자리에 이르게 하도록 한 원동력은 자신을 불사르는 열정과 헌신일 것이다. 이들 중에는 자신이나 가족보다 자기가 속한 조직에 가치를 두고 이를 우선하는 사람들이 많다. 이들의 조직에 대한 충성심은 가히 놀랄만하다. 휴식보다는 일을 우선시하여 밤과 낮을 가리지 않고 일을 한다. 집에 와서도 일을 생각하면서 머릿속을 정리한다. 이들의 집중력은 뛰어나 일에 파묻힐 때는 바깥에서 무슨 일이 일어나도 모를 정도이다.

그러나 이러한 인물들에게도 부정적인 모습들이 있다. 겉으로 드러나지는 않을지라도 이들을 괴롭히는 내면세계의 불편함이 있다. 이들이 스스로에게 느끼는 공통적인 불편한 감정들은 뭔가 지쳐 있고 무엇인가에 쫓기고 있다는 느낌일 것이다. 이들은 강렬한 성취욕의 소유자들인 반면 초조함 속에 놓여 있다. 무엇인가를 이루어야 한다는 목표의식으로 현재의 자기 모습에 만족하지 않는다. 이들은 스스로 자신이 바빠야만 한다고 규정한다. 바쁜 회의와 꽉 짜인 일정을 불평하면서도 무엇인가 할 일이 없고 자신이 참석하여 중요한 역할을 하지 않으면 오히려 자신의 존재가치가 약화되는 것으로 두려워한다.

이들은 다른 사람들이 자신을 유능하다고 알아주며 그가 없으면 일이 되지 않는다는 식으로 그의 중요성을 인정해 주길 원한다. 나아가 이들은 성취를 위해서 자기뿐 아니라 주변사람들까지도 가혹하게 혹사시킨다. 이들은 동료나 아랫사람이 하는 일에 별로 만족하는 법이 없다. 더 나은 결과, 더 높은 성장, 더 능률적인 방법, 더 좋은 개선을 끊임없이 추구하면서 긴장하며 사는 것이다. 그래서 이들은 밑의 사람들의 일하는 태도부터 불만을 표한다. 늘 부하들을 질책하고 다그치며 목표를 재확인시켜 주고 그 목표를 달성하도록 부추긴다. 뭔가 일이 돌아가지 않고 삐걱거리면 부하를 불러서 큰 소리로 야단칠 수밖에 없는 상태에 놓여 있다. 물론 사람마다 다를 수 있다. 그러나 요즈음 같은 시대에 책임적인 자리에 있는 사람으로서 이러한 느낌을 가지지 않는 사람들은 그렇게 많지 않을 것이다.

이들은 보이건 보이지 않건 경쟁의식에 젖어 있으며, 외부인의 평가에 민감하다. 사람들이 나를 어떻게 보는가, 어떻게 말하는가에 신경을 쓰지 않을 수 없다. 이들이 쫓기는 삶을 살고 있는 주된 이유는 바로 타인과의 비교에서 오는 경쟁의식에 있다. 타인보다 잘하느냐 못하느냐가 이들의 자리가 계속 유지되느냐 그렇지 않느냐로 이어진다. 이들은 하루하루의 삶에서 이루어 낸 성과와 실적으로 평가받는다고 느낀다.

따라서 이들은 주위의 사람으로부터-그들이 상사이건 동료이건 아랫사람이건-보이지 않는 무언의 압박을 느낀다. 이런 상황에서 남이 잘하면 이는 바로 내가 못하게 되는 것이라는 생각에 불안감을 느낀다. 남이 잘하면 박수쳐 주고 치하해 주기보다 자신의 뒤처짐에 위기의식을 느껴야 한다. 여기에서 오는 압박감이 이들의 정신을 갉아 먹고 있다. 그리고 이러한 스트레스가 나아가서는 심각한 육체적인 병까지 불러일으키게 된다.

경영학이 말하는 효율성이란 것도 깊숙이 살펴보면 그 바탕에는 이러한 압박적 인간관계가 깔려 있다. 비교의식에서 오는 끝없는 경쟁욕구가 창조와 도전으로 이어지게 하고, 새로운 발전과 도약의 계기를 가져온 것은 사실이다. 그러나 끝없는 경쟁의식은 결국 개인적으로 피곤함과 짜증 그리고 이러한 것들이 심해지면 주변 사람과의 인간관계에 문제를 발생시킨다. 비교의식에 젖어 있는 사람들이 빚어내는 또 다른 부정적 특징들은 과정보다는 결과를 중요시하는 점이다.

어떤 결과에 이르기까지 무엇을 했으며 어떻게 했는가는 중요하지 않다. 결과가 좋으면 모든 것이 좋은 것이다. 과정이 아무리 좋았다 하더라도 결과가 나쁘면 그것은 잘못된 것이다. 이와 같이 결과 중심으로 모든 것을 판단하는 것은 그 사람도 그 자리에 이르기까지 이러한 결과 중심으로 사람들의 판단과 평가를 받아왔기 때문이다.

그런데 크리스천에게 있어서 이러한 경향이 심화되면 하나님이 어떻게 보실까보다는 사람들이 어떻게 보느냐가 행동기준이 되고 만다. 이러한 끊임없는 평가와 비교의식은 결국 감정적 두려움과 상처를 가져오게 된다. 이러한 것들이 오늘날 책임적인 위치에 놓여 있는 사람들을 피곤하게 하고 힘들게 하는 주범인 것이다.

과업지향의 성공추구적 일벌레

성공 지향적 인물들은 어쩔 수 없이 과업 지향적(Task Oriented)인 사람이다. 인간관계에서 불편함과 갈등이 초래되더라도 일을 성취하는 것,

이루는 것에 더 비중을 두는 편이다. 따라서 과업 지향적이고 성공 추구적인 인물들은 인간관계에서 성숙한 면이 부족하기 쉽다. 그들은 대체로 인간관계에서 타인들을 잘 칭찬해 주지 않는다. 그리고 인간관계에서 상대방의 약점을 있는 그대로 받아 주지 못한다. 더 나쁜 모습은 이들이 주변의 타인들을 자기 성공을 위한 끝없는 도구로 삼으려는 점이다. 가족과 동료뿐 아니라 모든 사람들을 목적을 위해 수단화시키는 경향을 띠게 된다. 상대방을 한 인격으로 보기보다 자기가 설정해 놓은 목표달성을 위한 시스템의 한 역할자로 보는 것이다.

오늘날 조직사회의 하급직에 있는 많은 사람들은 전체의 구조를 유지시키기 위해 돌아가는 톱니바퀴에 불과한 삶을 살고 있다. 이들은 하루하루 삶에서 전체구조를 유지시키기 위한 부속품 역할을 충실히 수행하기를 요구받고 있다. 그러면서 그 역할을 더 이상 충실히 감당하지 못할 때에는 다 쓰고 난 소모품과 같이 버려지고 만다. 당장의 이익과 필요를 채우지 못하면 쓸모없는 인간이 되어 버린다. 이들 삶의 특징이 타인을 도구화시키면서 자신도 도구화되는 것이다.

이들은 일을 가지고 사람들을 다그치며 질책하는 데 익숙하기 때문에 이러한 사람들은 사적인 인간관계에서도 이러한 양태를 재연하기 일쑤이다. 이들의 사적생활은 대개가 공적생활에 부수적인 것으로 그치고 만다. 이들은 바깥에서의 일에 모든 것을 바치기 때문에 일을 마치고 집에 들어올 때는 파김치가 되어 들어온다. 소위 일벌레들의 가장 공통적인 모습이다.

가정이란 주로 잠자는 곳, 쉬는 곳이다. 내일을 위해서 잠자고 쉬는 것이 우선이지, 가족들과 대화하고 집안일에 봉사할 시간이란 많지 않다. 아이들을 위해 놀아 주며 아이들 공부를 봐 줄 시간은 거의 없다. 아내와 깊은 대화를 나눌 시간도 부족하다. 이들은 좋은 남편, 좋은 아버지의 의미를 잘 알지 못한다.

오늘 한국에서 성공했다고 일컬어지는 40-50대 중 많은 사람들이 위와 같은 부정적 모습들을 가지고 있다. 이러한 부정적 모습들은 이들이 사회적으로 성공하고 인정받을 때에는 잘 드러나지 않을 수 있다. 이들이 잘나갈 때에는 일에 대한 열정과 헌신, 충성심, 인내 등이 훨씬 드러나 보이기 때문에 유능하고 훌륭한 지도자로 보일 수 있다. 그러나 이들이 힘쓰고 애써서 쌓아 올렸던 업적들이 구조조정, M&A, 명예퇴직, 인력감축의 와중에서 거품과 같이 사라지는 현실에서는 그들의 긍정적 모습보다는 부정적 모습들이 한껏 드러나고 만다.

오늘날 우리는 주변에서 하루아침에 모든 것이 무너져 내리는 성공 지향적 인물들을 쉽게 볼 수 있다. 그들이 쌓아 놓은 업적들과 작품들이 비참하게 무너져 내리는 현실을 접할 때 이는 바로 그들의 인격과 삶 전체가 무너져 내리는 것과 같다. 그들의 지나간 삶에는 일과 성공 외에 다른 것들이 없었기 때문에 이제 이들은 일대 위기와 파국을 맞이하는 것이다. 이는 단순히 이들이 일자리를 잃는다는 의미가 아니다. 이제 완전히 쓸모없는 인간이 되어 버리고 마는 것이다. 시작은 좋았지만 끝은 비참해지는 결과가 나타나는 것이다.

사울의 비참한 종말이 주는 교훈

성경에 나오는 쫓기는 지도자로서 대표적 인물이 사울이다. 그는 이스라엘의 왕이라는 지도자의 삶을 살았지만 쫓기는 삶이 가져다 준 부정적 모습을 잘 보여 주고 있다. 쫓기는 사람으로서 사울의 대표적인 모습은 초조함과 비교의식 그리고 변명이었다. 블레셋과의 전쟁에서 사울은 기다리던 사무엘이 오지 않자 자기가 제사장 역할을 해 버렸다. 그는 목표의식에 철저했지만 이를 이루는 데 너무 다급했다. 결국 하나님의 말씀을 듣는 것을 우선하기보다 자기의지를 먼저 내세우는 것이 되고 말았다.

사무엘이 "어찌하여 기다리지 못하고 이런 일을 하였느냐?"라고 묻자 사울은 백성들이 이를 원하였기 때문이라고 대답하였다. 자신이 하나님의 말씀에 순종하지 않은 것을 회개하려 하기보다 잘못을 백성들에게 돌리면서 책임을 전가한 것이다. 그는 자신이 모든 것을 다해야만 성이 찰 만큼 주위 사람들을 믿지 못하였다. 아들인 요나단조차도 그가 보기에는 믿지 못할 인물이었다.

사울은 비교의식 때문에 마음의 평안함을 가지지 못하였다. "사울이 죽인 자는 천천이요 다윗은 만만이로다 한지라"(삼상 18:7)는 백성들의 말을 듣고 뼈아픈 비교의식을 느꼈다. 그는 무엇인가 하지 않으면 다윗에게 뒤쳐지고 있다는 자신에 대한 평가를 만회할 수 없다고 느꼈다. 이러한 비교의식이 결국은 초조함과 다급함을 불러일으켰다. 그러나 어떻게 해서도 다윗을 따라잡지 못하자 결국 다윗을 죽이고야 말겠다는 마음이 불일 듯 일어나게 되었다.

다윗을 향한 끝없는 비교의식과 경쟁욕은 사울에게 자유함과 평안을 주기보다 번뇌와 고통을 가져다주었다. 사울의 이러한 부정적 모습들은 종국에는 그를 파멸로 몰아넣고 말았다. 그에게는 내적인 자유함이 없었다. 그는 스트레스와 갈등에 시달렸고, 번뇌와 고통에 파묻혔다. 악신이 그를 괴롭혔다는 것도 이러한 배경에서 나온 것이다. 그는 자신의 권력을 유지하려고 하는 욕심과 이로 인한 초조함에서 벗어나지 못하였고, 블레셋과의 전쟁에서 비참한 죽음이라는 종말을 맞이하고 말았다.

갈멜산과 호렙산에서의 시간

세상 속에서의 치열한 삶으로 탈진해 버린 또 다른 인물을 성경에서 찾아볼 수 있다. 그는 열왕기상에 나오는 엘리야 선지자이다. 엘리야에게 갈멜산에서의 분투적 삶은 세상 속에서 치열하게 싸우는 시간이었다. 일 중심의 시간이었고, 문제해결을 위해 애쓰던 시간이었다. 엘리야와 같은 영적 거장도 긴장과 대결의 시간을 갖고 난 후 이세벨의 독설에 지쳐 쓰러지고 말았다. 그러나 엘리야는 사울과 같이 그냥 무너지지 않았다. 왜냐하면 엘리야에게는 바로 호렙산에서 회복의 시간이 있었기 때문이다. 그는 호렙산에서 사람들을 떠나 홀로 침묵 가운데 있었다. 그리고 그 시간에 하나님을 새롭게 만났다.

우리의 영성은 자동차의 배터리와도 같다. 자동차의 배터리는 방전과 충전의 두 가지 기능을 한다. 자동차가 달리면 전력이 소모된다. 그리고 발전기를 통해 새롭게 만들어지는 전력을 공급받지 못하면 전력이 닳아 버리고 이때 자동차는 멈추어 버린다.

우리의 영성도 이와 같다. 산다는 것 자체가 영적 에너지의 방전이다. 일상에서 애쓰고 노력하며 긴장하고 스트레스를 받는 것이 영적방전이다. 그러면 뭔가 답답해지고 영적, 정신적으로 힘들어진다. 마음속에 기쁨도 감사도 충만함도 없어진다. 이때 제네레이터로부터 새로운 영적 에너지를 충전 받아야 한다. 우리의 삶 속에서 이러한 제네레이터 기능을 하는 곳이 어디일까? 바로 홀로 있으면서 하나님과 관계를 가지는 시간이다. 이곳에서 충전을 받아야만 영적으로 강건해지고 이러한 영적 강건함이 정신적으로도 육체적으로도 우리를 건강하고 활기차게 해 준다.

쫓기는 삶 속에 놓여 있는 크리스천은 성취한다는 의식에서 은혜로 이루어짐을 받는다는 의식으로 변화되어야 한다. 참된 부르심 속에 있는 자는 그가 하는 것이 아니라 하나님이 하신다는 의식에 철저하다. 따라서 그는 자기가 모든 것을 다하려고 아등바등하지 않는다. 우선순위에 따라 중요한 것을 먼저 하는 자세가 분명하다. 그리고 자기가 한 것이 드러나지 않아도 되기 때문에, 비교의식과 경쟁의식으로부터 자유롭다.

부름 받은 자의 모습은 은혜를 믿을 뿐 아니라 은혜를 누리고 사는 사람이다. 그리고 주인의식에서 청지기 의식으로 변화되는 것이다. 청지기 의식을 가진 자는 세례 요한의 말대로 "그는 흥하여야 하겠고 나는 쇠하여야 하리라 하니라"(요 3:30)는 의식이 분명하다. 나는 일을 하는 주체가 아니다. 나는 주인이 아니고 종이며, 하나님이 쓰시는 도구일 뿐이다. 내가 드러나고 내가 칭찬받고 각광받는 것이 아니라 하나님이 그래야 한다. 주의 종은 들러리이지 신랑이 아니다. 신부가 맞이해야 할 사람은 신랑이지 들러리가 아닌 것이다. 주의 종은 하라는 대로 하기만 하면 되는 것이다. 결과에 대한 책임은 주님이 지시는 것이다. 그렇기 때문에 사람들 눈치 볼 게 없다. 사람들 얘기나 평가에 연연할 이유가 없다.

영적인 시간 관리

영어로 'Business'와 'Busyness'는 동어이다. 그런데 발음 'ㅈ'를 'ㅅ'으로 바꾸면 Be sin ness이다. 즉 사업은 바쁨을 의미하지만 또 한편으로는 이게 죄 됨이라는 것이다. 오늘날 바쁜 직장인의 일상생활 시간이란 주변의 많은 사람들로부터 "시간을 내 달라, 관심을 보여 달라, 이것 해 달라, 저것 해 달라."는 요구와 주장들로 공격받고 있는 상태이다. 이런 상태가 지속되다 보면 "좋은 게 좋은 거지." 하는 식으로 사람들 생각만 따르게 되고 위에 계신 분의 뜻과는 점점 멀어지게 된다. 더 나빠지면 사람들 눈치에 매이게 된다. 하는 일도 매너리즘에 빠져 흘러가게 된다. 분주하고 복잡하며 쫓기는 삶을 살수록 마음 속 평온은 줄어든다. 자동차 배터리가 방전되듯이 지치고 힘들어지는 게 당연하다.

그러나 가장 중요한 일은 매일매일 주님과 교제하는 것이다. 외부로부터 요구받는 일들에 우선적으로 시간을 쓰고 나면 가장 중요한 주님의 음성을 듣는 일에 써야 할 시간은 줄어들거나 없어지고 만다. 엘리야가 능력이 떨어져 버린 상태에서 한 일은 무엇이었던가? 하나님의 산 호렙을 찾아가 그곳에 있는 동굴에 들어갔다. 자기 혼자만 있는 홀로 있기의 시간을 가진 것이다. 아니 자기와 하나님과 단 둘만이 있는 그런 시간을 가진 것이다. 영적인 삶을 원하는 사람일수록 조용히 자기만의 시간 갖기를 훈련해야 한다. 홀로 있는 것에 익숙해지고 이를 좋아해야 한다. 이때 하나님이 하시는 말씀을 듣고 하나님의 뜻과는 상관없이 내 생활이 얼마나 내 중심으로 흘러갔느냐를 점검해야 한다. 하나님의 음성을 듣는 시간이 얼마나 있었는지 그리고 나의 생각과 입술, 손과 발이 얼마나 하나님의 일에 드려지고 있는가를 돌아보는 시간이 있어야 하는 것이다.

영성은 매일매일 자기관리를 통해 깊어진다. 하루아침에 되지 않는다. 인간 내면에는 더 깊은 완전함으로 나아가려는 갈구가 존재한다. 언어가 자신이 태어난 곳으로 가려고 발버둥치듯이 인간 존재 내면에는 본향으로 회귀하려는 갈망이 있다. 인간의 영혼 속에는 부나 물질, 명예로 채울 수 없는 공간이 있다. 인간의 영은 혼보다 훨씬 더 깊고 넓다. 이곳이 바로 영성이 깃드는 공간이다. 이 공간에 바로 하나님의 영이 채워져야 인간에게 참된 만족과 쉼이 생기는 것이다.

영성의 깊이를 더하려면 영적인 시간을 갖는 훈련을 해야 한다. 영적인 시간은 하나님과 함께 나누는 시간이다. 구체적으로는 기도와 묵상, 말씀 읽기의 시간이다. 얼마만큼의 시간을 가질 것인지도 중요하지만 질적으로 얼마나 깊이 있는 시간으로 할 것인가도 중요하다. 특히 이 시간을 나의 하루 시간에서 어떻게 배분해야 할 것인가가 중요하다. 내 삶이 하나님과 교제하는 삶이되기 위해서는 하나님과 함께 하는 시간을 가장 우선적인 자리에 놓아야 한다. 영적인 일은 머리가 가장 맑을 때 해야 한다. 기도와 묵상, 말씀 읽기를 새벽과 아침 시간에 하는 것이 바람직하다. 홀로 있는 시간으로서 말씀을 읽거나 조용히 묵상기도하는 데 익숙해지면 가능한 한 단순한 삶을 살려고 하게 된다. 복잡한 것보다는 단순한 것을 추구하는 것이 바로 영적인 삶이다.

자유함과 누림

우리가 늘 말하는 "변하여 새 사람 된다."라는 것은 무슨 의미인가? 이는 우리의 생각과 태도가 달라지는 것이다. 내가 하나님의 자녀라는 것을 선포하고 나를 눌러온 일에 대한 집착, 두려움, 불안감, 열등감 같은 것들에서 자유로워지는 것이다. 이런 상태가 진정한 자유함을 누리는 삶이다. 주변의 사람들로부터의 자유함, 일과 실적으로부터의 자유함, 무엇을 해야 한다는 의무감으로부터의 자유함이다.

하나님의 형상에는 기쁨과 감사, 평강, 자유함, 사랑과 용서가 흐른다. 자신의 내면 속에 이런 것들이 흘러넘치면 사람과의 관계에서 나눔과 섬김, 돌봄이 이루어진다. 기쁨과 즐거움으로 나눔과 봉사가 이루어지는 것이다. 서로가 "우리가 나뉘기 전에 나는 바로 너였다."라는 고백이 나오게 되는 것이다. 이런 체험이 쌓여 가면 우리 내면의 상처들, 우리 육신의 병들이 치유되는 사건이 일어난다. 이것이 진정한 하나님의 사람으로 회복됨이다. 하나님이 인간을 처음 창조하실 때의 모습으로, 타락되기 전에 아름다운 모습으로 돌아가는 것이 바로 회복이다.

이를 위해서는 채우심의 경험이 있어야 한다. 무엇을 채움 받는가? 은혜와 사랑의 체험이다. 믿음이란 오랜 시간이 걸리는 여정이다. 우리 모두는 순례자의 길에 들어선 사람들이다. 채움 받지 않고 그 속에서 나올 것이란 별로 없다. 단물이 나와야 하는데, 쓴 물이 나오는 것이다. 받는 시간이 필요하다. 받아야지 주는 사람으로 나갈 수 있다. 받음, 채우심의 시간 없이는 우리에게 나누어 줄 것이란 없다. 채우심과 누림의 시간들을 통해서 받은 것 그것이 영글어질 때 내 속에서 그것이 사랑으로 은혜로 성령으로 흘러 나갈 수 있다. 그렇게 흘러 나가야만 사람을 살릴 수 있고, 사람을 치유할 수 있고, 사람을 변화시킬 수 있다. 그럴 때 그 말과 선포가 은혜가 되고 생명이 되어 파동으로 흘러 나간다. 아니 말하지 않고 사람들 앞에 그냥 서기만 해도 그것이 강한 생명의 파동이 되어 흘러 나간다. 생기와 활기가 되어 나가는 것이다. 빛이 되는 것이다. 말라기서에 나오는 치유하는 광선이 발해지는 것이다.

주

1) 피터 와그너, 이건호 역, 『일터교회가 오고 있다』(WLI Korea, 2007), p53.

2) 김재영, 『직업과 소명』(서울: IVP, 1989), p64-68.

3) 부동산 뱅크<http://www.neonet.co.kr>, "주택가격 동향", 2008.

4) 이필상, "2008년 경제정책과 정책과제", KPC 최고경영자 포럼, 2007.12.5, p1.

5) 권순우, "신금융자본주의-새로운 금융패러다임과 세계경제", 삼성경제연구소, 2008.6.

6) 박경서, "서브프라임모기지 사태와 세계금융위기", 기독경영 포럼자료, 2008.11.

7) 《목회와 신학》, "한국교회의 정직성에 대한 인식조사", 2008년 7월호, p46-49.

8) 《조선일보》, "위기에 강한 한국의 저력", 2009.1.1 A5면.

9) 다니엘 핑크, 김명철 역, 『새로운 미래가 온다』(한국경제신문사 2007), p60.

10) 공병호, 『3년 후, 세계는 그리고 한국은』(21세기북스, 2008).

11) 금재호, "신정부의 노동정책 : 현황과 과제", 한국경제학회 주최 정책세미나, 2008.3.21, p105-170.

12) 국세청, "국세통계연보", 2008.12.29.

13) 공병호, 『10년 후 세계』(해냄, 2005), p81.

14) 통계청, "경제활동인구 부가조사", 2007.8.

15) 《조선일보》, "2007년 소득 분포", 2008.12.29.

16) 공병호, 『10년 후 세계』(해냄, 2005), p81.

17) 박경서, "서브프라임모기지 사태와 세계금융위기", 기독경영 포럼자료, 2008.11, p20.

18) LG경제연구원, 『2010 대한민국 트렌드』(한국경제신문사, 2005).

19) 《조선일보》, "위기에 강한 한국의 저력", 2009.1.1 A5면.

20) 금재호, "신정부의 노동정책 : 현황과 과제", 한국경제학회주최 정책 세미나, 2008.3.21, p105-170.

21) 금재호, "신정부의 노동정책 : 현황과 과제", 한국경제학회주최 정책 세미나, 2008.3.21, p105-170.

22) 《조선일보》, "새해경제 키워드", 2009.1.1 B2면.

23) 김보경, "자살예방, 교회가 유일한 대안이다", 《목회와 신학》 2007년 8월호, p54.

24) 오형석, '회복사역이란 무엇인가', 《목회와 신학》 2008년 3월호, p. 115 .

25) 《조선일보》, "한일공동여론조사", 2009.1.1 A10면.

26) LG경제연구원, 『2010 대한민국 트렌드』(한국경제신문사,2005)

27) 《조선일보》, "새해경제 키워드", 2009.1.1 B3면.

28) 유종일, 『위기의 경제』(생각의 나무, 2008). p86.

29) 《조선일보》, "청년취업 중소기업에 길이 있다", 2009.1.18 A3면.

30) LG 경제연구원, 『2010 대한민국 트렌드』(한국경제신문사, 2006)

31) 《조선일보》, "청년취업 중소기업에 길이 있다", 2009.1.18 A3면.

32) 신태균, "크리스천의 창조경영", 기독경영 포럼자료, 2008.2.10.

33) 권영준, "공종체자본주의와 사회적 기업", 《목회와 신학》 2009년 1월호, p83.

34) 전국경제인연합회, "우리 기업의 사회공헌 현황과 시사점", 2005.7.6.

35) 한기수, 『한국 대기업의 윤리경영과 윤리경영 인식』, 기독경영 포럼자료, 2006.12.9.

36) 《한겨레신문》, "국내주요 사회공헌 기업의 지출 추이", 2005.1.5.

37) 김동원, "기업과 사회복지의 파트너쉽", 기독경영 포럼자료, 2006.12.9.

38) 이덕진, "유한킴벌리의 사람 중심 경영", 기독경영 포럼자료, 2007.11.10.

39) 제프리 페퍼, "인재", 제프리 페퍼 초청 강연회, 인사관리 2007.7. pp64-65.